中华文化风采录

历来古景风采

险要的雄关

陈 璞 编著

北方妇女儿童出版社
·长春·

图书在版编目(CIP)数据

险要的雄关 / 陈璞编著. —长春 ： 北方妇女儿
童出版社，2017.1（2022.8重印）
（历来古景风采）
ISBN 978-7-5585-0662-8

Ⅰ．①险… Ⅱ．①陈… Ⅲ．①关隘－介绍－中
国 Ⅳ．①K928.77

中国版本图书馆CIP数据核字(2016)第311437号

险要的雄关
XIANYAO DE XIONGGUAN

出 版 人	师晓晖
责任编辑	吴　桐
开　　本	700mm×1000mm　1/16
印　　张	6
字　　数	85千字
版　　次	2017年1月第1版
印　　次	2022年8月第3次印刷
印　　刷	永清县晔盛亚胶印有限公司
出　　版	北方妇女儿童出版社
发　　行	北方妇女儿童出版社
地　　址	长春市福祉大路5788号
电　　话	总编办：0431-81629600

定　　价　　36.00元

习近平总书记说："提高国家文化软实力，要努力展示中华文化独特魅力。在5000多年文明发展进程中，中华民族创造了博大精深的灿烂文化，要使中华民族最基本的文化基因与当代文化相适应、与现代社会相协调，以人们喜闻乐见、具有广泛参与性的方式推广开来，把跨越时空、超越国度、富有永恒魅力、具有当代价值的文化精神弘扬起来，把继承传统优秀文化又弘扬时代精神、立足本国又面向世界的当代中国文化创新成果传播出去。"

为此，党和政府十分重视优秀的先进的文化建设，特别是随着经济的腾飞，提出了中华文化伟大复兴的号召。当然，要实现中华文化伟大复兴，首先要站在传统文化前沿，薪火相传，一脉相承，弘扬和发展5000多年来优秀的、光明的、先进的、科学的、文明的和自豪的文化，融合古今中外一切文化精华，构建具有中国特色的现代民族文化，向世界和未来展示中华民族具有独特魅力的文化风采。

中华文化就是中华民族及其祖先所创造的、为中华民族世世代代所继承发展的、具有鲜明民族特色而内涵博大精深的优良传统文化，历史十分悠久，流传非常广泛，在世界上拥有巨大的影响力，是世界上唯一绵延不绝而从没中断的古老文化，并始终充满了生机与活力。

浩浩历史长河，熊熊文明薪火，中华文化源远流长，滚滚黄河、滔滔长江是最直接的源头，这两大文化浪涛经过千百年冲刷洗礼和不断交流、融合以及沉淀，最终形成了求同存异、兼收并蓄的辉煌灿烂的中华文明。

中华文化曾是东方文化的摇篮，也是推动整个世界始终发展的动力。早在500年前，中华文化催生了欧洲文艺复兴运动和地理大发现。在200年前，中华文化推动了欧洲启蒙运动和现代思想。中国四大发明先后传到西方，对于促进西方工业社会形成和发展曾起到了重要作用。中国文化最具博大性和包容性，所以世界各国都已经掀起中国文化热。

中华文化的力量，已经深深熔铸到我们的生命力、创造力和凝聚力中，是我们民族的基因。中华民族的精神，也已深深根植于绵延数千年的优秀文化传统之中，是我们的精神家园。但是，当我们为中华文化而自豪时，也要正视其在近代衰微的历史。相对于5000年的灿烂文化来说，这仅仅是短暂的低潮，是喷薄前的力量积聚。

中国文化博大精深，是中华各族人民5000多年来创造、传承下来的物质文明和精神文明的总和，其内容包罗万象，浩若星汉，具有很强的文化纵深感，蕴含丰富的宝藏。传承和弘扬优秀民族文化传统，保护民族文化遗产，已经受到社会各界重视。这不但对中华民族复兴大业具有深远意义，而且对人类文化多样性保护也有重要贡献。

特别是我国经过伟大的改革开放，已经开始崛起与复兴。但文化是立国之根，大国崛起最终体现在文化的繁荣发展上。特别是当今我国走大国和平崛起之路的过程，必然也是我国文化实现伟大复兴的过程。随着中国文化的软实力增强，能够有力加快我们融入世界的步伐，推动我们为人类进步做出更大贡献。

为此，在有关部门和专家指导下，我们搜集、整理了大量古今资料和最新研究成果，特别编撰了本套图书。主要包括传统建筑艺术、千秋圣殿奇观、历来古景风采、古老历史遗产、昔日瑰宝工艺、绝美自然风景、丰富民俗文化、美好生活品质、国粹书画魅力、浩瀚经典宝库等，充分显示了中华民族厚重的文化底蕴和强大的民族凝聚力，具有极强的系统性、广博性和规模性。

本套图书全景展现，包罗万象；故事讲述，语言通俗；图文并茂，形象直观；古风古雅，格调温馨，具有很强的可读性、欣赏性和知识性，能够让广大读者全面触摸和感受中国文化的内涵与魅力，增强民族自尊心和文化自豪感，并能很好地继承和弘扬中国文化，创造未来中国特色的先进民族文化，引领中华民族走向伟大复兴，在未来世界的舞台上，在中华复兴的绚丽之梦里，展现出龙飞凤舞的独特魅力。

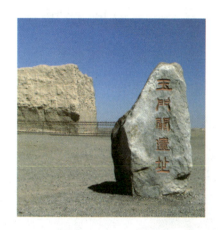

边塞丰碑——甘肃玉门关

四镇咽喉——陕西潼关

雄关要塞——河南函谷关

迤逦关塞——重庆瞿塘关

甘肃玉门关

　　玉门关始建于汉武帝开通西域道路并设置河西四郡之时，因西域输入玉石时取道于此而得名。玉门关在汉代时是通往西域各地的门户。

　　公元前116—公元前105年修筑酒泉至玉门之间的长城时，玉门关随之设立了。在当时，玉门关与另一重要关隘阳关都是都尉治所和重要的屯兵之地。

　　多少年来，玉门关早已不再是存活在西北苍凉地域上的一座城池或关隘了，而是边塞情怀里绵延千年的一个符号和一座丰碑。

丝绸之路的重要关口

汉武帝刘彻画像

汉武帝刘彻是我国西汉时期的第七位皇帝，他奠定了中华疆域版图，首开了丝绸之路。

丝绸之路将我国的丝绸、漆器、铁器、桃、杏、梨、冶金术、凿井技术等传到了外国，而来自外国的汗血宝马、胡萝卜、葡萄、核桃、大葱、芝麻、黄瓜、蚕豆等传入我国。

在我国丝绸之路上，来往着无数的商队。为了确保丝绸之路的安全与畅通，在公元前121年至公元前107年间，汉武帝下令在甘肃敦煌的小方盘城（也就是丝绸之路通往西域北道咽喉的要隘处），修建了一个关

■ 丝绸之路示意图

卡，这里是西域输入玉石的主要道路，因此就取名为"玉门关"。

玉门关的关城为正方形，黄土垒就的城墙，高10米，上宽3米，下宽5米，东西长24米，南北宽26.4米，面积633平方米，西、北各开一道门。

关于玉门关名称的来历，还有另外一个传说。

在古时候，玉门关附近的地形十分复杂，沼泽遍布、沟壑纵横、森林蔽日、杂草丛生。每当丝绸之路上运玉石的商队赶上酷热天气时，为避免白天人、畜中暑，他们总是会在凉爽的夜晚赶路。

但是，夜晚驿站附近的道路总是被黑暗笼罩着，导致商队辨不清方向，就连经常往返于此路的老马也会晕头转向，难以识途，因此这段路途便被称为"马迷途"。

冶金术 又称为"金丹术""炼金术""点金术"或"黄白术"，是炼制"神丹"的方法。我国古时流传着"成仙"的说法，古人认为人的肉体可借助某种神奇的药物而获得永生，而冶金术被古人认为是制作这种"神丹"的唯一方法。

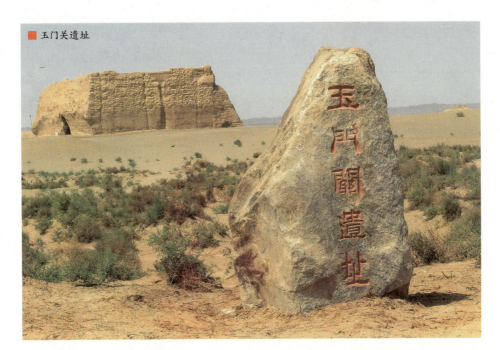

■ 玉门关遗址

在往返于马迷途的众多商队之中，有一支专贩玉石和丝绸的商队，常年奔波于这条道路上，也常常在马迷途这里迷失方向。

有一次，这个商队刚进入马迷途就迷了路。正在人们焦急万分之际，不远处落下一只孤雁。商队中一个心地善良的小伙子发现了这只孤雁，就悄悄地把它抓住抱在怀里，准备走出马迷途后再放掉它。

不一会儿，只见大雁流着眼泪对小伙子"咕噜咕噜"地叫着说："咕噜、咕噜，给我食，咕噜、咕噜，能出迷途。"

小伙子听后恍然大悟，知道大雁是因为饿得飞不动了才掉队的，就立即拿出自己的干粮和水喂这只大雁。大雁吃饱以后，就飞上天空，不断飞翔，领着商队走出了马迷途，顺利地到达了目的地小方盘城。

过了一段时间，这支商队又在马迷途迷失了方向，那只大雁又飞来了，又在空中叫着："咕噜、咕噜，商队迷路。咕噜、咕噜，方盘镶玉。"

大雁边叫边飞，又一次引着商队走出了马迷途。大雁飞走时所说的话，只有救那只大雁的小伙子才能听得懂。

这个小伙子就把大雁的意思转告给领队的头领说："大雁叫我们在小方盘城上镶上一块夜光墨绿的玉石，以后商队有了目标，就再也不会迷路了。"

头领听后，心里一盘算，一块夜光墨绿玉要值几千两银子，实在舍不得，就没有答应。

没想到后来商队又一次在马迷途迷了路，导致数天找不到水源，人人口干舌燥，渴得寸步难行，连骆驼都干渴地喘着粗气，生命危在旦夕。

正在此时，那只大雁又飞来了，并在上空叫道："商队迷路，方盘镶玉，不舍墨玉，绝不引路。"

小伙子听后，急忙转告头领说："大雁说，如果舍不得镶嵌墨玉的话，它就不会再为咱们引路了。"

头领慌了手脚，连忙和小伙子商量对策。小伙子说："你赶快跪下向大雁起誓'一定镶玉，绝不食言'，否则，咱们真有危险了。"

头领马上按照小伙子所说，跪下向着大雁起誓说："如果大雁肯

■ 小方盘城遗址

小方盘城

为我们引路，那么走出迷途之后，我们一定会镶嵌墨玉的。"

大雁听后，在空中旋转片刻，把商队又一次引出了马迷途，使商队又一次得救了。

走出马迷途以后，商队的头领没有食言，立刻在自己的商队里挑了一块最大最好的夜光墨玉镶在当地关楼的顶端。每当夜幕降临之际，这块墨玉便发出耀眼的光芒，连方圆数十千米之外都能看得清清楚楚。

后来，自从有了夜光墨绿玉作为路标后，过往商队就再也没有迷路了。

那个关楼上有了一块玉，从此这里就改名为"玉门关"了。

阅读链接

玉门关的设立，是为了防止匈奴的入侵。汉初，匈奴东败东胡，西逐大月氏，占据河西，并以河西为基地，屡犯汉境。汉王朝开始曾对匈奴采取和亲政策，希图换取暂时的安宁。汉武帝时，放弃了和亲政策，对匈奴发动了大规模的军事反击。公元前121年，骠骑将军霍去病率兵西征，沉重打击了匈奴右部。同年，汉分河西为武威、酒泉两郡。公元前111年，又增设张掖、敦煌两郡，同时建玉门关和阳关。从此，玉门关和阳关就成为西汉王朝设在河西走廊西部的重要关隘。

玉门关的历代迁址

公元前121—公元前107年间，西汉的第七位皇帝，汉武帝下令修建两关，即阳关和玉门关。

关于汉代玉门关的情况，据史书《汉书·地理志》记载，汉代的

玉门关小方盘城

《括地志》 唐代时的一部大型地理著作，由唐代初期魏王李泰主编。《括地志》全书正文550卷、序略5卷，创立了一种新的地理书体裁。全书分述辖境各县的沿革、地貌、地名、山川、城池、古迹、神话传说、重大历史事件等。

■ 玉门关远景

玉门关与另一重要关隘阳关，均位于敦煌郡龙勒县境内，皆为都尉治所，为重要的屯兵之地。

在当时，玉门关与阳关战略位置十分重要，中原与西域交通必须取道两关。 在王莽末年，中原与西域断绝了来往，玉门关也随之关闭。东汉初期，西域大道北移，玉门关的关城再未复建。

对于汉玉门关的关址，唐宋时期的一些古籍，如《括地志》《元和郡县图志》等，均认为汉代玉门关的关址在唐寿昌县西北59千米处。唐代的寿昌县，就是后来敦煌南湖的寿昌故城址。

而敦煌遗书《沙州都督府图经》《沙州城土镜》《寿昌县地境》等则都认为，汉玉门关的关址在唐寿昌县北的80千米处。

还有人认为，最早的汉玉门关在敦煌之东，即玉门县，就是后来玉门赤金附近。公元前103年，汉将李广利伐大宛后才迁到敦煌西北。

后来，人们依据敦煌马圈湾等地烽燧遗址所出

■ 玉门关遗址

的汉简，以及对当地地形、驿道相关位置等考证得出结论认为，玉门关应位于临要燧东侧，玉门侯官燧西侧，似在小方盘城西11千米的马圈湾遗址西南6千米处，通往西域的古驿道就从此高地中间穿过。

后来，在隋唐时期，玉门关的关址由敦煌西北迁至敦煌以东的瓜州晋昌县境内了。

根据记录我国古代佛教法相唯识宗的创始人玄奘所著《大慈恩寺三藏法师传》的记载，当年玄奘法师西行求经，629年的秋天抵达瓜州晋昌城，也就是后来的甘肃省安西锁阳城。

玄奘渡过葫芦河，通过了河上的玉门关。据此，人们普遍认为，隋唐时期的玉门关位于锁阳城北30千米处，也就是安西县城东50千米处的疏勒河岸双塔堡附近。

隋唐时期的玉门关地址后来移至距离汉玉门关东240千米之处，这里正处于交通的枢纽地位，东通酒泉，西抵敦煌，南接瓜州，西北与伊州相邻。

玄奘 是我国汉传佛教史上伟大的译经师之一，也是我国佛教法相唯识宗创始人。玄奘所译佛经，多用直译，笔法谨严，所撰有《大唐西域记》。玄奘的故事在民间广泛流传，例如《西游记》中心人物唐僧，即是以玄奘为原型。

■ 玉门关遗址

玉门关傍山带河，地势险要。其四周有山顶、路口、河口要隘，还保存有古烽燧11座，如苜蓿烽、乱山子烽等。

隋唐时期的玉门关是夯筑，残宽3.5~4米，残高0.3~0.75米，南北160米，东西155米，开东、西两门，四周环以护城河。关墙内外散落着大量素面灰陶片、碎砖块、花岗岩石条、残石磨等。

后来，五代宋初的时候，玉门关的地址又移动到了肃州城西35~50千米之处，也就是距离隋唐玉门关东边200千米一个叫"石关峡"的地方。

关于玉门关东移的原因，有两个方面。一是从当时河西走廊一带的政治军事形势来看，石关峡的位置正当东面的甘州回鹘与西面的瓜沙归义军政权的分界处，自然成为东西交通的要口；二是与当时第五道的废弃，以及沙州社会长期稳定，沙州及其以西道路的畅通密切相关。

第五道虽然驿程较短，可以从瓜州直接到达伊州而无须绕行敦煌，但要穿越400千米的莫贺延碛，极乏水草，路况险恶。

反过来，如果由瓜州绕经沙州，再至伊州，这个路程相比于第五道远了50千米左右，但沿途戈壁沙漠的规模较小，水草条件稍好，行走比较容易。

在宋代初期的敦煌遗书等史籍中可以看出，这一时期瓜州、沙州社会安定，穿越河西走廊来往的行旅皆经由沙州而往，而未见有人走第五道的，表明该道已弃之不用了，该道上设置的唐玉门关也随之废弃，被新的玉门关所取代了。

沙州 后来的甘肃省敦煌。敦煌四周皆为沙漠戈壁包围，位处塔克拉玛干沙漠东端边缘，气候干燥，气温变化大，地面缺少经常性流水，植物稀少矮小，为风沙地貌，因此古时被称为"沙州"。

阅读链接

在玉门关一带，每年春节，乡村群众都会自发组织各种社火表演活动。社火是我国西北地区古老的民间艺术形式，是指在祭祀或节日里迎神赛会上的各种杂戏、杂耍的表演。

社火的规模从几十人至上百人不等。玉门关一带的社火种类多，花样新，既有本地土色土香的传统社火，也有外地的精品社火。

神秘的大方盘城河仓城

　　汉玉门关是最早的玉门关，这里有多处古迹名胜，包括关城遗址、河仓古城、汉长城、雅丹魔鬼城等。人们来到玉门关更多的是凭吊历史，而玉门关周围众多古迹名胜的存在，使玉门关不再单调，大

■ 玉门关复原模型

■ 玉门关城遗址

大丰富了玉门关的内涵。

这里的玉门关遗迹是一座四方形小城堡，因此，这座遗址又被人们形象地称为"小方盘城"。

玉门关遗址耸立在东西走向戈壁滩狭长地带中的砂石岗上，南边有盐碱沼泽地，北边不远处是哈拉湖，再往北是长城，长城以北是疏勒河故道。

玉门关的关城全部用黄土夯筑而成，面积600多平方米。西、北两面各开一门，城垣东西长24.5米，南北宽26.4米，残垣高9.7米，上宽3.7米，下宽4米，南北墙下宽4.9米。

在玉门关关城的城顶四周，有一条宽1.3米的走道，设有内外女儿墙，即房屋外高出屋面的矮墙。在关城城内东南角，有一条宽不足1米的马道，靠东墙向南转上可直达顶部。

玉门关遗址四周沼泽遍布，沟壑纵横，长城蜿蜒，烽燧空立，胡杨挺拔，泉水碧绿，柳绿花红，芦

城垣 古代围绕城市的城墙，其广义还包括城门、城楼、角楼、马面和瓮城。城门和城墙转角处加厚的墙体称为"城台"和"角台"，其上的建筑称"城楼"和"角楼"。马面是城外附城而筑的一座座墩台，战时便于夹击攻城敌人，有时在城门外三面包筑小城，以加强城门处的防卫，称为"瓮城"。

■ 玉门关遗址

西汉（前202
年－8年），又
称"前汉"，与
东汉合称"汉
朝"。是我国古
代秦朝之后的大
一统封建王朝。
西汉是我国古代
文化发展的一个
高峰，社会经
济、文化全面发
展，对外交往日
益频繁，成为当
时世界上最强盛
的国家。共有12
帝，历经210年。

苇摇曳，美景与古关雄姿交相辉映，使人心驰神往，百感交集，怀古之情油然而生。

在玉门关遗址小方盘城东北10多千米处，有一个遗址叫河仓城，俗称"大方盘城"。据说河仓城建于西汉时期，它是玉门关守军的军需仓库。

河仓城位于东西走向的疏勒河古道旁的凹地上，西面约50米处是一个大湖泊。湖泊水平如镜，蔚蓝透明，岸边长满芦苇、红柳、甘草。

河仓城的东面是深不可测的沼泽地。河仓城建在高出湖滩3米左右的土台地上。因临疏勒河，故称"河仓城"。河仓城是古代我国西北长城边防至今存留下来的古老的、规模较大的、罕见的军需仓库。

河仓城的南、北均有高出城堡数丈的大戈壁，戈壁高高耸立，好像是要把河仓城怀抱起来，这使河仓城极为隐蔽。从河仓城经过时，如果不是走到近旁，是很难发现这座仓城的。

河仓城坐南向北，夯土版筑，呈长方形。东西长约132米，南北宽约17米，残垣最高处6.7米，城内有南北方向的两堵墙，将其隔为相等并排的3座仓库，每库向南开一门。

由于历史久远，河仓城的四壁多已颓塌，只有北壁较为完整。墙壁上下置有三角形小洞，上三下五，间隔距离相等。

在河仓城外围的东、西、北三面，加筑有两重围墙。第一重围墙尚有断墙，四角有土墩建筑痕迹，第二重围墙仅存北面的土墩痕迹。

河仓城自汉代至魏晋一直是长城边防储备粮秣的重要军需仓库。当时，把守玉门关、阳关、长城、烽燧，以及西进东归的官兵将士全部从此库中领取粮食、衣物、草料供给，以保证他们旺盛的战斗力。

阅读链接

班超是东汉著名的军事家和外交家，更是一位非常有名的英雄人物，而班超晚年在病中等待下诏进入玉门关回故国的寂寞，更是让人感叹不已。

班超的一生是辉煌的一生，但令班超流传千古的还是他西出玉门关，成功经营西域。当年已入中年的班超，带着国家先后配发的几千名囚犯和热血青年，西出玉门关，经营西域20多年，有力地加强了汉朝对西域的统治，也为西域的发展做出了重要贡献。

正是班超几十年的西域寂寞生活，才有了"但愿生入玉门关"的千古佳句。后来，班超的这句诗成了玉门关边塞情结的象征，许多文人在诗中都曾提到这个典故。

古关留下的名篇佳话

骆宾王雕像

我国上下几千年，有很多的诗人都为玉门关留下了名篇佳作。

唐代诗人骆宾王出生于619年，在"唐初四杰"中，骆宾王最擅长七言、五言，他的诗文无论抒情、说理或叙事，都能运笔如舌，挥洒自如。

骆宾王曾经因事被贬至西域。来到西域从军之后，骆宾王归心悠悠，写出了"魂迷金阙路，望断玉门关"之句。

　　骆宾王的这一名句就出自他的《在军中赠先还知己》。诗中写道：

■ 山西永济鹳雀楼上王之涣铜像

蓬转俱行役，瓜时独未还。

魂迷金阙路，望断玉门关。

献凯多惭霍，论封几谢班。

风尘催白首，岁月损红颜。

落雁低秋塞，惊凫起暝湾。

胡霜如剑锷，汉月似刀环。

别后边庭树，相思几度攀。

　　在这首《在军中赠先还知己》中，骆宾王表达的是对友人的思念。

　　王之涣，字季凌，生于688年，是盛唐著名诗

五言　也就是五言诗。五言诗是每句5个字的诗体，是我国古典诗歌的主要形式。五言诗全篇由5字句构成，可以容纳更多的词汇。在音节上，五言诗奇偶相配，也更富于音乐美。五言诗还可以分为五言律诗和五言绝句。

人，以善于描写边塞风光著称。王之涣为人豪放不羁，常击剑悲歌。他做过几任小官，其诗多被当时乐工制曲歌唱，名动一时。

唐代开元中后期，诗人王之涣进入凉州城，听到哀怨的笛声后，写下了《凉州词》这首诗，表达对远戍士卒的同情。

《凉州词》又名《出塞》。诗中写道：

黄河远上白云间，一片孤城万仞山。
羌笛何须怨杨柳，春风不度玉门关。

诗中的"羌笛"是我国古代西方羌人所吹的笛子。"杨柳"指羌笛吹奏的《折杨柳》曲。

玉门关外，春风不度，杨柳不青，离人想要折一枝杨柳寄情也不能，这比折柳送别更为难堪。而广大戍守玉门关的战士，见不到自己的亲人，长年累月地生活在关外。

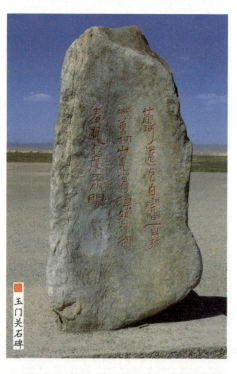

玉门关石碑

这首诗描写了边塞凉州雄伟壮阔、荒凉寂寞的景象。诗人以一种特殊的视角描绘了黄河远眺的特殊感受，同时展示了边塞地区壮阔、荒凉的景色。

全诗悲壮苍凉，流露出一股慷慨之气，边塞的酷寒正反映了戍守边防的征人回不了故乡的哀怨，表达了王之涣对于战争的厌恶，对即将逝去生命的战士的哀叹、无奈。

王之涣这首诗写戍边士兵的

怀乡情，写得苍凉慷慨，悲而不失其壮，虽极力渲染戍卒不得还乡的怨情，但丝毫没有半点颓丧消沉的情调。

■ 小方盘城上看玉门关外

首句"黄河远上白云间"抓住远眺的特点，描绘出一幅动人的图画。辽阔的高原上，黄河奔腾而来，远远向西望去，好像是从白云中流出来的一般。

次句"一片孤城万仞山"，写塞上的孤城。在高山大河的环抱下，一座地处边塞的孤城巍然屹立。这两句描写了祖国山川的雄伟气势，勾勒出玉门关的地理形势，突出了戍边士卒的荒凉境遇。

古人有临别折柳相赠的风俗。"柳"与"留"谐音，赠柳表示留念。北朝乐府《鼓角横吹曲》有《折杨柳枝》。歌词写道：

上马不捉鞭，反拗杨柳枝。
下马吹横笛，愁杀行客儿。

歌中提到了行人临去时折柳。这种折柳赠别之风

北朝 是我国历史上与南朝同时代的北方王朝的总称，其中包括了北魏、东魏、西魏、北周等数个王朝。北朝结束了我国从八王之乱起将近150年的中原混战的局面，后世的隋唐两朝都是继承了北朝，又从军事和政治制度等各个领域都沿袭了北朝的制度。

■ 玉门关外风光

绝句 起源于两汉，成形于魏晋南北朝，兴盛于唐朝，当时都是四句一首，称为"联句"，《文心雕龙·明诗》所谓"联句共韵，则柏梁余制"。唐、宋两代，是中国经典诗歌的黄金时代，绝句风靡于世，创作之繁荣，名章佳诗犹如群芳争艳，美不胜收，可谓空前绝后。

在唐代极为流行。于是，杨柳和离别就有了密切的联系。当戍边士卒听到羌笛吹奏着悲凉的《折杨柳枝》曲调时，就难免会触动离愁别恨。

在这种环境中忽然听到了羌笛声，所吹的曲调恰好是《折杨柳枝》，这就不能不勾起戍卒的离愁。《凉州词》的第三句用豁达的语调排解道，羌笛何须老是吹奏那哀怨的《折杨柳枝》曲调呢？要知道，玉门关外就是春风吹不到的地方，哪有杨柳可折？

说"何须怨"，并不是没有怨，也不是劝戍卒不要怨，而是说怨也没用。用了"何须怨"3字，使诗意更加含蓄，更有深意。

王昌龄也是和王之涣同一时期的唐代著名边塞诗人。王昌龄擅长七言绝句，作品多写边塞、送别，气象雄浑，情意隽永，语言精练生动，音律铿锵悠扬。

王昌龄曾经写过多首《从军行》。《从军行》是汉代乐府《平调曲》调名，内容多数描写军队的战斗生活。其中的一首写道：

青海长云暗雪山，孤城遥望玉门关。
黄沙百战穿金甲，不破楼兰终不还。

青海上空的阴云遮暗了雪山，遥望着远方的玉门关。塞外的将士身经百战磨穿了盔和甲，攻不下西部的楼兰城誓不回来。

这首诗描绘了边塞将士在漫长而严酷的战斗生活中誓死杀敌，"不破楼兰终不还"的坚强意志和决心。王昌龄以高度的概括描绘了绵延千里阴云惨淡的战斗环境。

诗的前两句直指玉门关要塞，青海湖上空，长云弥漫。湖的北面，横亘着绵延千里的隐隐雪山。越过雪山，就是矗立在河西走廊荒漠中的一座孤城。再往西，就是和孤城遥遥相对的军事要塞玉门关。

前两句里一共提到3个地名：雪山、孤城、玉门关。其中的雪山指的是河西走廊南面横亘延伸的祁连山脉。

羌笛 也被称为"羌管"，用油竹制成，竖着吹奏，两管发出同样的音高，音色清脆高亢，并带有悲凉之感。羌笛是我国古老的单簧气鸣乐器，在唐代时是很常见的边塞乐器。羌笛的音色明亮，清脆婉转，一般用于独奏。

■ 王昌龄（698-757），字少伯。盛唐著名边塞诗人，后人誉为"七绝圣手"。他早年贫贱，困于农耕，年近不惑，才中进士。其诗以七绝见长，尤以登第之前赴西北边塞所作边塞诗最为著名，有"诗家夫子王江宁"之誉。

险要的雄关

吐蕃 7-9世纪时我国藏族建立的政权，是一个位于青藏高原的古代王国，延续200多年，是西藏历史上创立的第一个政权。"吐"是汉唐时期常用来译写北方、西方少数民族人名等的专用字，而"蕃"既是音译，又有"茂盛"之意。

这幅集中了东西数千里广阔地域的长卷，就是当时西北边关戍边将士生活、战斗的环境。

当时唐代在西方、北方的强敌，一是吐蕃，一是突厥。而"孤城"之中的河西节度使的任务，就是隔断吐蕃与突厥的交通，一镇兼顾西方、北方两个强敌，防御吐蕃，守护河西走廊。

诗中的"青海"地区，正是吐蕃与唐军多次作战的场所。而"玉门关"外，则是突厥的势力范围。这两句里所暗示的戍边将士对边防形势的关注，对自己所担负的任务的自豪感、责任感，以及戍边生活的孤寂、艰苦之感，都融合在诗句中悲壮、开阔而又迷蒙暗淡的景色里。

诗句第三句，"百战"是比较抽象的，而"黄沙"两字突出西北战场的特征。"百战"而至"穿金甲"，暗示出战斗的艰苦激烈。但是，金甲尽管磨穿，将士的报国壮志却并没有被磨灭，而是在大漠风

■ 楼兰古城的断壁

沙的磨炼中变得更加坚定。

第四句的"不破楼兰终不还"，就是身经百战的将士豪壮的誓言。"黄沙"尽管写出了战争的艰苦，但是拥有豪情壮志的戍边将士却并不回避战争的危险和惨烈，为了保卫祖国，一切的付出都是值得的。

李白所处的唐代时期，国力虽然强盛，但是边塞的战乱却从未消停过。

■ 玉门关烽火台遗址

由于李白叹息征战将士的辛劳和将士们家中亲人的思念，这位才华横溢的诗人在他的一首《关山月》中也提到了玉门关。诗中写道：

明月出天山，苍茫云海间。
长风几万里，吹度玉门关。
汉下白登道，胡窥青海湾。
由来征战地，不见有人还。
戍客望边邑，思归多苦颜。
高楼当此夜，叹息未应闲。

巍巍天山，苍茫云海，一轮明月倾泻，银光一片。浩荡长风，掠过几万里关山，来到戍边将士驻守边关。汉高祖出兵白登山征战匈奴，吐蕃觊觎青海大片河山。这些历代征战之地，很少有人庆幸生还。

戍边兵士仰望边城，思归家乡愁眉苦颜。当此皓月之夜，高楼上望月怀夫的妻子，同样也在频频哀叹，远方的亲人啊，你几时能卸甲洗尘归来？

开头4句是一幅包含着关、山、月在内的辽阔边塞图景，描写将士们戍守在天山之西，回首东望，所看到的是明月从天山升起的景象。

接下来"长风几万里，吹度玉门关"，士卒们身在西北边疆，月光下伫立遥望故园时，但觉长风浩浩，似掠过几万里中原国土，横渡玉门关而来。长风、明月、天山、玉门关，构成了一幅万里边塞图。

"汉下白登道，胡窥青海湾。由来征战地，不见有人还。"下，指出兵。青海湾一带是唐军与吐蕃连年征战之地，这种历代无休止的战争，使出征的战士几乎没有人能生还故乡。

"戍客望边邑，思归多苦颜。高楼当此夜，叹息未应闲。"战士们望着边地的景象，思念家乡，脸上现出愁苦的表情，他们推想自家高楼上的妻子，在此苍茫月夜，叹息之声是不会停止的。

古来边塞上的漫无休止的民族冲突，战争所造成的巨大牺牲和给无数将士及其家属所带来的痛苦，被诗句描写得淋漓尽致。李白没有把征人思妇之情写得纤弱和过于愁苦，而是用"明月出天山，苍茫云海间。长风几万里，吹度玉门关"的万里边塞图景，来抒发感情。

除去要表达的离愁、反战的主题外，诗的前几句所描写的意境之高远，也为后人所称道。

阅读链接

侯怀风是清代初期著名的女诗人。玉门关是著名的军事要塞，在这里曾经发生过许多悲壮的战争故事。

玉门关也成就了侯怀风笔下的对象。她在一首名为《感昔》的诗中写道："黄河水流响潺潺，当日腥风战血殷。大地尽抛金锁甲，长星乱落玉门关。居延蔓草萦枯骨，太液芙蓉失旧颜。成败百年流电疾，苍梧遗恨不堪攀。"

陕西潼关

潼关位于陕西渭南，北临黄河，南踞山腰，与崤函古道东口的函谷关遥遥相对，守卫着这条古道要津的西口。潼关设于东汉晚期，当时关城建在黄土塬上，隋代南移数千米，唐代武则天时期又北迁塬下，形成后来的潼关城旧址。

潼关地处黄河渡口，位居晋、陕、豫三省的交集点，是汉代末期以来东入中原和西出关中、西域的必经之地及关防要隘，历来为兵家必争之地，素有"畿内首险""四镇咽喉""百二重关"之誉。

历代迁移的潼关城

潼关城作为戍守要地，先后有3个关城，即东汉时期、隋唐时期及其以后的潼关城。

作为守备要塞的潼关城，最早建于东汉晚期，建城的具体年代虽已无考证，但是在211年的时候，有古籍记载"超等屯潼关"，便有了潼关之称，此后为世人所称。

关于东汉潼关城的具体位置，根据《水经注》的记载：

郦道元画像

河水自潼关东北流，水侧有长坂，谓之黄巷坂，傍绝涧涉此坂以升潼关，所谓溯黄巷以济潼关也。

《水经注》的作者郦道元看到的潼

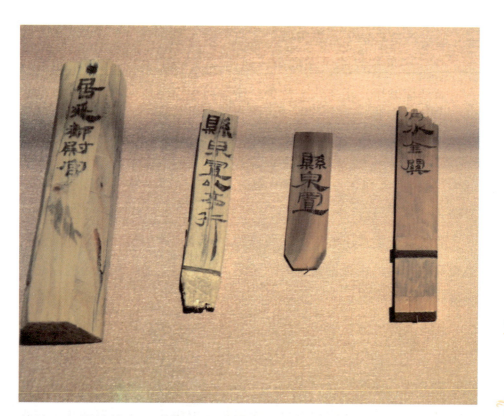

■ 西汉关检

关城，必然就是东汉时期的潼关城。按照郦道元的说法，自函谷关东来的大道到潼关城东，由于黄河紧切塬下，河边无路可通，只好经过一个黄土巷坡漫上，才能到潼关城，可见这个关城位于高埠之上。

后来清代向准所修《续潼关县志》记载：

> 潼关古城在上南门外塬上……今其遗址尚存。

向准所说的上南门是潼关东南半塬上的南门。潼关县南迁至吴村后，原潼关县城后来改称为港口。

后来东汉时期的潼关城只有南墙和北墙，根本没有东墙和西墙，没人知道为什么。

《水经注》 古代较完整的一部以记载河道水系为主的综合性地理著作，由北魏时郦道元所著，全书30多万字，详细介绍了我国境内1000多条河流以及与这些河流相关的郡县、城市、物产、风俗、传说、历史等。《水经注》文笔雄健俊美，既是古代地理名著，又是优秀的文学作品。

后经过考察认为，潼关城东临原望沟，西临禁沟及潼谷，两沟深堑壁立，可见东汉潼关城的东、西两侧以深堑为墙，所以就没有筑东、西两面城墙。由于水土流失，城墙两端局部崩塌于沟内，从两端可见崩塌的残迹。

留在地面的潼关城的北城墙在陶家庄的北侧，其东西长约1千米，高约7米，黄土板筑，城门约略偏东，与港口潼关老城的上南门南北对峙。

南城墙在杨家庄的南侧，城根的北侧，与原望沟和禁沟之间的古道交叉。这里的古道即东汉时期长洛大道必经之道，从而可控制长洛大道。

后来的南城墙在城根村的西北和原望沟的沟边仍残留部分城墙，其形态与北墙相同。南墙和北墙南北相距约15千米，由此可见潼关城也是很大的。

后来，潼关城在隋代有过一次迁移，据唐代杜佑编撰的我国历史

陕西汉中石门栈道

上第一部体例完备的政书《通典》记载：

> 隋炀帝：大业七年移于南北镇城间，坑兽槛谷置。

大业七年，也就是611年。《通典》的作者杜佑说，隋朝时所移的潼关城在"坑兽槛谷"。

根据后来清代向准的《续潼关县志》的说法，坑兽槛谷的位置是："在城南四里，南北镇城间，隋大业七年，徙潼关于南北镇城间即此。"向准说的"在城南四里"，是指在后来的潼关港口乡南2千米。

■ 陕西汉中石门栈道

又据后来清代饶应祺所修的《同州府续志》记载："中咀坡古为连城关，隋大业七年所迁关城也。"这里说的连城关就是南北镇城。

清代末期的潼关人赵鹏超所修的《潼关县新志》记载，隋"大业七年，徙南北连城关，去今地四里"。赵鹏超说的"去今地四里"，也在潼关港口乡南2千米。

根据《潼关县新志》记载："隋大业七年迁关城于禁沟口。"禁沟口就在中咀坡下方。

由于以上资料讲的都是同一地址，可见隋代潼关城只有一个地址，因为东汉时期潼关城以南地势平坦

《通典》 古代历史上第一部体例完备的政书，由唐代杜佑撰写，共有200卷。《通典》记述了唐代天宝年间以前历代的经济、政治、礼法、兵刑等典章制度及地志、民族的专书。《通典》内分9门，子目1500余条，约190万字。

石门古栈道

开阔，没有设关的条件，因而，隋城不可能向南迁移。

在港口南2千米的中咀坡下，是潼水与禁沟的汇合口，也是一片谷地，它位于东汉时期潼关城南城墙的西南坡下，长洛大道从汉潼关城西行时必经这里。

潼关城设在这里既可以有效地控制长洛大道，又可控制禁沟和潼水南北通道，避免了东汉时期潼关城不能控制南北的弊病，这也是隋代迁移潼关城的原因之所在。

隋代潼关城地处禁沟和潼水河谷交汇之处，又处交通要道，所以城墙后来没有得到保存。

隋城遗址内仅有烽火台一座，在隋城南侧中咀坡塬头上有一高大烽火台清晰可见。这个台居高临下，可能是隋代潼关城军事要塞的讯号台。

后来，潼关城至唐代有过一次迁移，这次迁移是在691年时进行的。在691年的时候，黄河南岸与塬之间可以东西通行，长洛大道沿河边行进更为方便，所以不再绕道塬上。

为了控制大道，武则天下令将潼关城北移到黄河岸边。《元和郡县志》中记载唐代潼关城时说："关西一里有潼水。"

这就是说，唐代潼关城的西门距潼水500米，北墙紧挨黄河岸边，南墙应在南塬半坡，东门应是原望沟口东侧的黄巷坡内的金陡关。这样，唐代潼关城既可控制东西大道，又可控制绕道原上的古道。

唐代潼关城设立后，隋城的防卫作用仍然存在，唐代末期黄巢起义军进攻潼关时，唐军忘守禁沟，义军踏破禁沟，进而攻破潼关城。

而唐代以后的宋、元、明、清时期的潼关城，其位置没有多大变化，都是在唐代潼关城的基础上维修、拓展和加固的。

后来残留在港口的城郭是明代所修，该城的西门紧靠黄河，北墙立于黄河岸边，东门接近原望沟口，南墙蜿蜒于南塬半腰，潼水穿城而过注入黄河。

这个关城既可控制长洛大道，又可控制南北通道，比东汉时期的潼关城和隋代的潼关城更为适用。

阅读链接

当年，三国时期军事家曹操命令曹洪和徐晃在潼关作战，并说："你们两人先带10000人马守住潼关。如10天内失掉了潼关，就按军法处决你们。"

曹洪、徐晃到了潼关，并不出战。西凉将军马超领兵来到关下痛骂曹操三代人，激怒了曹洪。曹洪想出战，却被徐晃劝住了。到了第九天，西凉军故意装出懈怠的样子，诱使曹洪和徐晃中了圈套，被打得措手不及。

曹洪丢失了潼关，奔来拜见曹操。曹操说："给你10天期限，为什么9天就丢了潼关？"

曹洪说："西凉军士，百般辱骂，实在令人难以忍受。后来又看见西凉军懈怠，便乘机袭击，不想中了奸计。"

曹操大怒，亲自率军直逼潼关，但仍然战败了。后人有诗说："潼关战败望风逃，孟德仓惶脱锦袍。剑割髭髯应丧胆，马超声价盖天高。"

天堑天成的潼关要塞

那是东汉末期，魏王曹操为了预防陕西、甘肃方面的兵乱，便在南依秦岭、北临黄河的狭窄地带，筑起了"一夫当关，万夫莫开"的关城，同时废弃了东边的函谷关。

由于潼关所处的咽喉要冲地位，曹操与蜀汉骠骑将军马超激战潼

马超渭水败曹操图画

关，曹操以沙筑墙、用水浇灌，一夜之间就冻成了冰墙，马超进而不得，只好西走。

■ 马超墓

在潼关，冷兵器的撞击、亡灵的哀号，鼓角争鸣、烽火狼烟，这里凝聚了太多太多的故事。

潼关始建于东汉末期，历史悠久，闻名遐迩。由于黄河水在关内南流潼激关山，所以叫"潼关"。

古潼关是我国著名的十大名关之一，历史文化源远流长。马超刺槐、十二连城、仰韶文化遗址等名胜古迹星罗棋布，风陵晓渡、谯楼晚照、秦岭云屏等潼关八景，十分引人入胜。

作为兵家自古必争之地的潼关，地形非常险要，南有秦岭，东南有禁谷，谷南又有十二连城。北有渭、洛二川会黄河抱关而下，西近华岳。

潼关的周围山连山，峰连峰，谷深崖绝，山高路狭，中间通一条狭窄的羊肠小道，往来的空间只够容纳一车一马。

兵家 古代对军事家或用兵者的通称，也指研究军事的学派。兵家分为兵权谋家、兵形势家、兵阴阳家和兵技巧家四大类，代表人物有春秋时期的孙武、司马穰苴，战国时期的孙膑、吴起、尉缭、公孙鞅、赵奢、白起，汉代初期的张良、韩信等。

过去的人们常以"细路险与猿猴争""人间路止潼关险"来比拟这里地形的重要。

唐代著名诗人杜甫游览潼关后也有诗句说道：

丈人视要处，窄狭容单车。艰难奋长戟，万古用一夫。

潼关要塞的险要构成，潼关城是其要隘，加之黄巷坂、禁沟和十二连城、秦岭、黄河等，构成了一个立体戍守的要塞。

黄巷坂处于潼关城东，自函谷关东来的大道必须经过黄巷坂，别无他道可寻。

黄巷坂的南侧紧临高原，悬崖陡壁，北侧夹河之间有一高岸隆起，这就形成了南依高原、北临绝涧、中通一径的孤道，这个孤道"邃岸天高，空谷幽深，涧道之峡，车不方轨"。

古代关隘

在车不方轨的谷道里，士兵们难以行动，所以，黄巷坂成为潼关要塞的第一个天然屏障。自唐代潼关城移至黄河岸边后，它的东门就设在黄巷坂内，所设的"金陡关"是潼关城的第一门，又称"潼关第一关"。

丝绸之路烽火台遗址

由于黄巷坂地处原望沟入黄河口的东侧，当地人称黄巷坂为"五里岸门坡"，可见黄巷坡坂有2.5千米长。

其实原来的黄巷坂还更长一些，但是由于黄河向南切蚀，黄巷坂北侧的高岸崩塌于黄河之中，至后来，能看到的黄巷坂也就仅有数百米长了。

潼关守备，离不开禁沟，禁沟也称"禁谷"，"谷势壁立，望者禁足"，深达数百米，是难以逾越的天堑。禁沟南北横断潼关塬区，成为天然屏障，自潼关城南直通秦岭，可与武关连通。

像禁沟这样的南北大沟向西有潼谷等数条，由于这些南北沟道横断潼关塬区，所以，古来潼关塬无东西大道可通。但是，翻越这些沟道，仍然可以进入关中。

禁沟与潼关城地处南北一线，戍守潼关，就要防守禁沟。防守禁沟的具体情形，古籍记载：

故守关而不守禁沟者，守犹弗守也，守禁沟不建十二连城者，守犹未善也。是由一室之内，杜门塞窦，以防鸟雀之入，而忘闭其牖也，是以关于敌也，非所以固吾围也。

后世之守关者，察地理之形势，课封疆之万全，周历山川，旷览古今，鉴观成败，其于建连城以控禁沟，控禁沟以固关。

这段资料就是禁沟和十二连城位置、作用的真实写照。由此可见，禁沟天堑和十二连城是潼关要塞的天然屏障之一。唐代在禁沟西沿设置十二连城，唐代还设禁谷关，足见禁沟防御体系当时已形成。

后来的禁沟虽然因为长期的雨水冲刷而谷岸崩塌了，但仍然是悬崖绝壁，难以翻越。十二连城的城墙后来都没有保存下来，但城内存有一个夯土台。

夯土台每个底边长约1千米，宽11米，高716米，黄土板筑，层面清晰可见，有通到台顶的台阶。土台

■ 陕西秦岭界碑

■ 隋代建筑用砖

既是连城的瞭望哨，又是烽火台。这些土台大部分得到了保存，只有少数崩塌于禁沟内。

在十二连城的中部有一自然村，名为"中军帐"。这就是《潼关志》所说的"中城"。在这个村的东南侧有一个较小的土台，而在村的西北角有一个高大的烽火台。这个中军帐村就是古代指挥中心。

每当十二连城中的士兵发现敌情，就会在城内土台点燃烽火，通报中军帐，再由中军帐点燃烽火通报潼关城，这就起到了防卫作用。

秦岭是潼关要塞的天然屏障，但是禁沟、潼谷等都直通秦岭，由此可翻越秦岭。

为了防止敌军穿越秦岭，进而攻破潼关，古人在秦岭北麓潼关地界，自东而西设置了西峪关、善车关、蒿岔峪关、潼谷关、水门关等关塞。

这些关塞均有驻军把守，成为潼关城的南部前沿

十二连城 十二连城是由12座城连接而成的古城，位于鄂尔多斯高原东部，准格尔旗北端的黄河南岸。十二连城地处战略要点，可北凭黄河天险，控制蒙古草原，南临中原大地，进退两易。

《读史方舆纪要》清代初期地理学家顾祖禹撰的一部巨型历史地理著作，综记山川关塞的险要程度，并对其是否适用于战争中防守的场地以及军事重要程度进行了详细的分析，具有浓厚的历史军事地理学特色，其核心在于阐明地理形势在军事上的战略价值。

哨卡，和潼关要塞浑然一体。所以，潼关城既有秦岭这个天然屏障，又有关塞防卫，这就保证了潼关要塞的南部安全。

黄河出秦晋峡谷南流到潼关北，折转而东。在这里，洛水、渭河会黄河"抱关而下"，黄河紧切潼关城下流过，形成天堑，无途可通，也隔断了北来之路，在潼关城北侧形成自然防卫带，因而戍守潼关无须考虑城北安全，黄河天堑形成了天然屏障。

潼关城的守备是非常严密的，因为潼关城设在潼关塬头上，长洛大道到原望沟，黄河边无路可通，只好绕道塬上，通过东汉潼关城，从它的西侧下到禁沟底部，再北行才能进入关内。

因而关闭潼关城门，就能横断长洛大道。而且城东是原望沟，素有"一夫当关，万夫莫开"之势。

而隋代潼关城位于坑兽槛谷，东、南、西三面环山，北为潼河谷地。东来的长洛大道仍经过汉城，所以汉城成为隋城的第一道防线。

出了汉城西行，经过一个只能容单车的狭窄坡形谷道，才能下到隋代潼关城。

城东是悬崖绝壁，城南临禁沟、潼谷出口，城西是高岸，所以隋代潼关城也是山环水

■ 隋代碑文

绕，天堑天成。

关闭隋代潼关城门能横断东西大道和南北通道，也有"一夫当关，万夫莫开"之势。

唐代及其以后的潼关城夹在黄河与塬之间，又处于黄河进入晋

■ 隋代青石函

豫峡谷的入口处，潼关城的东面，古代巨型历史地理著作《读史方舆纪要》记载：

河山之险迤逦相接，自此西望，川途旷然。

由此可见，潼关城的东侧是峡谷地带，易守难攻。东来的长洛大道和南北通道都要进入潼关城，然后出西门才能进入关内。

城东有黄巷坂，"车不得方轨，马不得成列"。东门外黄河紧切门下，攻关之势难以形成。

阅读链接

641年春天，唐太宗李世民从长安起身去泰山封禅，李世民的车队到达洛阳时，一天夜晚，有彗星划过天空，太宗以为这是不祥的预兆，马上下达命令，停止去泰山封禅，留在东京洛阳，李世民在洛阳停留的时间比较长，从3月初至9月底才回驾长安。

李世民经过函谷关时，在皇帝的专车上，他命爱妃徐惠作诗一首，徐惠奉命只写了一首《秋风函谷应诏》，第二天到达了潼关。在潼关，唐太宗有感而发写下了气势磅礴的《入潼关》，表示对徐惠所写《秋风函谷应诏》的应和。

雄奇壮观的潼关十景

　　"潼关八景"包括雄关虎踞、禁沟龙湫、秦岭云屏、中条雪案、风陵晓渡、黄河春涨、谯楼晚照、道观神钟。

　　雄关虎踞，是指潼关故城东门的关楼。踞是蹲或坐的意思。虎

■陕西秦岭石刻

踞，是指东门外麒麟山角形似一只猛虎蹲在关口。

■ 城墙上的建筑

东门城楼北临黄河，面依麒麟山角，东有远望天堑，是从东面进关的唯一大门，峻险异常，大有"一夫当关，万夫莫开"之势。

关楼和巍峨的麒麟山，恰如一只眈眈雄视的猛虎，守卫着陕西的东大门，它以威严雄险而著称。

清代诗人淡文远曾写诗胜赞《雄关虎踞》说道：

> 秦山洪水一关横，雄视中天障帝京。
> 但得一夫当关隘，丸泥莫漫觑严城。

诗的第一、二两句是说，秦岭和黄河之间横踞着一个潼关，它虎视中原、保卫长安。第三、四两句是说，只要派一员将士守住东门，关隘指东门，什么丸

麒麟 雄性称"麒"，雌性称"麟"，是我国古籍中记载的一种动物，与凤、龟、龙共称为"四灵"，古人把麒麟当作仁兽、瑞兽，常用来比喻杰出的人。传说麒麟是神的坐骑，是吉祥神兽，代表着太平、长寿、聪慧和祥瑞。

泥"东封函谷"，只不过是狂妄者的诳言。

东封函谷指的是东汉王元将军曾夸口说用少数兵力就可东封函谷关，这只不过是对潼关的傲慢态度。

龙湫上有悬瀑，下有深潭。禁沟龙湫景致在禁沟口石门关北面禁沟水与潼河相汇处，北距潼关故城约2千米。

禁沟既长而且深，下有流水，水源出自秦岭蒿岔峪，汇合沿途泉水流至沟口石门关。沟床突变，湍流直下，飞沫四溅。

沟水下落与潼河相溶，汇为深潭。碧波荡漾，鱼跃兴波，绿树成荫，花香鸟语，颇有江南水乡风韵。

明代诗人林云翰咏《禁沟龙湫》写道：

禁沟山下有灵源，一脉渊深透海门。
龙仰镜天嘘雾气，鱼穿石甃动苔痕。
四时霖雨资农望，千里风云斡化云。
乘兴登临怀胜迹，载将春酒醉芳尊。

秦岭风光

■ 城墙上的建筑

诗的第一、二句是说，禁沟口有瀑布深潭，直通海门，形容潭深水碧看不见底。灵源，在这里喻指龙湫水景。古人说道："水不在深，有龙则灵。"第三、四句是说，神龙仰望天空吐着雾气。鱼儿穿梭，触动苔藓。第五、六句是说，一年四季霖雨满足了农人的愿望，千里风云调和着大自然的变化。第七、八句是说，乘着兴致来此饱览胜景，带着春酒在芳草地上喝醉了。

秦岭云屏，是说秦岭云雾缭绕的自然的风光像是潼关的屏风。

潼关南面的秦岭峰峦起伏，苍翠清新，每当雨雪前后，景象更为佳妙，峰峦中游云片片，若飘若定，似嵌似浮，来之突然，去之无踪，一会儿若龙腾跃，一会儿若马奔驰。

有时如丝如缕，有时铺天盖地，或如高山戴帽，或如素带缠腰，或如绵团乱丝。千姿百态，变化无穷。追旭日初露，锦幛乍开，五光十色，山为画，画为山，画山融为一体。

千总　古代的官职名。千总是正六品的武官，职权比较小。千总主要负责管理驻守在京师的各个兵营，清代增加了绿营兵编制，营以下为汛，也由千总负责，称为"营千总"。主要负责为统率漕运军队，领运漕粮的称为"卫千总"或"守御所千总"。

清代著名诗人王士禛所著的《秦蜀驿程记》写道：

河南连山，绵绵不绝……时见白云逢逢，
自半山出，惝恍无定姿，心目为之清旷。

清代诗人淡文远写《秦岭云屏》称赞道：

屏峙青山翠色新，晴岚一带横斜曛。
寻幽远出潼川上，几处烟村锁白云。

诗的第一、二句是说，彩云像屏障一样直竖着，秦岭更加苍翠清新，天气放晴，云气如带，横抹着夕阳的彩霞。第三、四句是说，寻求美景，不辞奔波，来到潼洛川上，但见村落烟雾缥缈，处在白云之中。

中条雪案的中条指中条山，在其西面与潼关隔黄河相望，明代时为蒲州所辖。中条雪案，指中条山清幽的雪景。

在当时，潼关是军事重镇，设防范围北跨黄河，在蒲州境内筑守御城，设千总，管辖蒲州一些关津渡口。潼关

■ 秦岭风光

故城处正是欣赏中条雪案的最好位置。

大雪纷飞时的中条山银装素裹，银为树，玉作峰，粉塑栏杆，素裹山川。倘若雪后新晴，则银光四射，琼瑶失色，云游雾荡，观者恍惚置身于仙境之中。

■ 秦岭风光

淡文远在《中条雪案》中写道：

迢遥北望俯群山，满眼平铺霜雪环。
疑是蓬莱山上石，移来一片拱岩关。

诗的第一、二句是说，站在潼关城头向北瞭望中条山，到处都被冰雪覆盖。第三、四句问道，是谁把蓬莱仙岛上的琼瑶白玉搬来了呢？

风陵晓渡中的风陵，是神话传说中女娲氏之墓。位于潼关故城东门外黄河岸河滩。风陵处的渡口叫"风陵渡"。

潼关城地处黄河、渭河两河交汇处，早在春秋时期，就是交通枢纽，水路要冲。在1728年，风陵流就有"官船11只，船夫84人"，还有私人和上下游经常过往客商船只。

黄河上下，烟雾茫茫，桅灯闪烁。船只南北横

女娲 又称女娲氏，娲皇，是我国传说时代的上古氏族首领，后逐渐成为我国神话中的人类始祖。根据神话记载，女娲人首蛇身。女娲的主要功绩为抟土造人，以及炼石补天。其他的功绩包括发明笙簧和规矩，以及创设婚姻。后世女娲成为民间信仰中的神祇，被作为人类始祖和婚姻之神来崇拜。

驰，彩帆东西争扬，侧耳倾听，"哗哗"的水声、"吱吱"的橹声、高亢的号子声、顾客的呼喊声、鸟声，钟声汇成一片。

明代诗人林云翰在《黄河春涨》写道：

冰泮黄河柳作烟，忽看新涨浩无边。

飞涛汹涌警千里，卷浪弥漫沸百川。

两岸晓迷红杏雨，一篙春棹白鸥天。

临流会忆登仙事，好借星槎拟泛骞。

诗的第一、二句是说，黄河冰解，两岸绿柳如烟，忽然看见河水猛涨浩渺无边。第三、四句是说，洪流奔腾，一泻千里，巨浪澎湃，百川汇流。

诗的第五、六句是说，伫立岸边醉迷着杏花时节的清晨春雨，挥篙驱舟游荡在白鸥群中。第七、八句是说，撑船在黄河中随波逐流，遐想着登仙之事，最好还是效法张骞寻找源头。

《荆楚岁时记》说张骞乘坐筏子寻找黄河源头，结果泛流到了天河，见到了织女和牛郎。

谯楼指的是古代建筑在城门上的楼，楼上驻兵，用以瞭望，报警报时。谯楼晚照，指日落时候潼关谯楼的景致。夕阳西下的时候，高大巍峨的谯楼中的雕柱斗角，飞檐钩心，光芒四射，谯楼暗亮分明，边沿折光，五光十色。

■ 西安出土的商代龙文刀

■ 西安古城楼上的云梯

栏杆空处，红霞道道如束。谯楼四周"归鸿默默争先集，落雁翩翩入望中"。

清代诗人潘耀祖在《谯楼晚照》中写道：

画楼突兀映麒麟，斗角钩心满眼春。
待得夕阳横雁背，鼓声初动少行人。

诗的第一、二句是说，谯楼高耸同麒麟山交相辉映，飞檐雕柱错综精密，光彩普照，满眼争春。第三、四句是说等到夕阳横照雁背之时，谯楼上响起戍鼓声，街上的行人渐渐少了。

道观指道教的庙宇。道观神钟，因道观里的异于一般的"神钟"而驰名。

相传在1590年左右，潼关附近洪水泛滥，黄河汹涌澎湃，流有雌、雄两钟，摩荡有声，雌钟止于潼关，"出，扣拓阴晴"。而雄钟则流于陕州。

■ 西安古城第一门

1596年，这口奇异的雌钟，被悬挂在麒麟山顶的钟亭上。钟亭周围绿树参天，白云缭绕，晨昏扣之，钟声抑扬顿挫。"宫商递变，律吕相生，声扬远闻"，清脆悦耳，山川生色。

潼关十景的雄奇壮观和潼关一样，流传着许多传奇。

阅读链接

在潼关附近有一座高百米、宽数千亩的土山，名叫"东山"，就是传说中的"女娲山"。传说女娲云游曾经来到这里，看到这里风光秀美、土地肥沃，便产生了眷恋之意。

女娲寂寞之余，望着滔滔的河水和两岸的土地，她随手挖起一把河边的泥土，掺和着河水，按照自己的模样捏出了一个个活蹦乱跳的小生灵。

日复一日，年复一年，女娲创造的千千万万个新生命汇聚在东山上下、黄河沿岸，使得整个黄河流域万物复苏、生机盎然。为了防止水患，她带着那些小生灵，来到了紧靠黄河南岸不远处的一座树木茂盛、遮天蔽日的小山上，依树搭建了一座座棚庵作为宿居之地，这便是最初的人类部落。

河南函谷关

函谷关位于河南省灵宝北15千米处的王垛村，距三门峡市区约75千米，地处长安古道，紧靠黄河岸边，因关在峡谷中，深险如函而得名。

函谷关扼守崤函咽喉，西接衡岭，东临绝涧，南依秦岭，北濒黄河，地势险要，素有"车不方轨，马不并辔"之称。

无论是逐鹿中原，抑或进取关中，函谷关历来都是兵家必争的战略要地，围绕着这座重关名城流传有《紫气东来》《老子过关》《公孙白马》等历史故事，李白、杜甫等历史名人志士临关吟诗作赋百余篇。

经历过三次变迁的古老关隘

公元前1000年前后，在西周康王时期，康王为了保卫国都镐京的安全，在后来的河南省灵宝市北15千米处的王垛村，距三门峡市区75千米，地处长安古道，紧靠黄河岸边，修建了一座关隘。

这座关隘西据高原，东临绝涧，南接秦岭，北濒黄河，是我国建筑设置最早的雄关要塞之一。

■函谷关城楼

■ 函谷关遗址

同时，这座关隘还是东去洛阳、西达长安的咽喉要道，有"天开函谷壮关中，万谷惊尘向北空"之说，为此，人们为它取名为"函谷关"。

这函谷关修成后，便有"双峰高耸大河旁，自古函谷一战场"的说法，并成为兵家的必争之地。

到春秋战国时期，这座关隘更是发挥着非常重要的作用。在当时，各诸侯国为了据地自保，都纷纷在自己的边防要地设立关塞。函谷关在这一大背景下，作用更加显现出来。

函谷关既是秦国固守关中的根基，也是向东扩张的出发地，还是都城咸阳的东大门。因此，当时秦国派重兵把守，可见函谷关对于秦国的重要性。

凭借此关，后来秦国打败了诸侯各国，统一了六国，所以，这个函谷关后来又被称为"秦函谷关"。

诸侯国 指历史上秦朝以前分封制下，由中原王朝的最高统治者天子对封地的称呼，也被称为"诸侯列国""列国"；封地的最高统治者被赐予"诸侯"的封号。现代多数情况，"诸侯"和"诸侯国"混淆使用。诸侯名义上需服从王室的政令，向王室朝贡、述职、服役，以及出兵勤王等。

汉武帝时，楼船大将军杨仆是新安县铁门镇南湾人。因平息叛乱有功，被汉武帝封为"关外侯"。

当时，西汉政权的中心在后来的西安，秦函谷关以西被视为京畿之地，其他地方自然也被视作偏远的、不发达的地区。因此，在当时的观念里，人们都不愿做关外人。

于是，杨仆上奏汉武帝，请求以自己的家产作为费用，将位于灵宝市的秦函谷关搬迁到后来的河南省新安县城的东边，这样，封地就全部在"关内"了。

很快，汉武帝接受了杨仆的要求。由杨仆主持，在公元前114年，把函谷关迁建到新安，史称"汉函谷关"，简称"汉关"，而秦函谷关也就叫"秦关"了。

汉函谷关距洛阳市20千米，南靠青龙山，北托邙山，抵黄河，坐西向东，前临涧水，修建得非常壮观。

相传，到三国时，曹操西讨张鲁、马超，为了迅速转运兵马粮草，命许褚在距秦函谷关北几千米的黄河边开凿隧道，筑起关楼，因为这座关楼距秦关不远，人们称它为"新关"，也叫"魏函谷关"。

为此，也就是说，在我国，函谷关一共有3座，它们便是秦函谷关、汉函谷关和魏函谷关。

不过，到后来，函谷关仅保存了汉函谷关和魏函谷关两处遗址。

阅读链接

据史书上记载，211年，曹操西征张鲁、马超，经过弘农，看见函谷关古道崎岖难行，粮草转运困难，便命大将许褚在黄河岸边另辟新道，即当年的"曹操运粮道"。

240年，弘农太守孟康在运粮道的入口处新建关城，号"大崤关"，又名"金陡关"，后来人称"魏函谷关"。在此处，后来成为东达洛阳、西接长安的重要交通干线。

历代王朝的易守难攻之地

　　在我国古代成形的三座关隘中，尤其以汉函谷关最为有名，此处关隘十分险要，历来被认为是天下险关，这与它独特的地形有关。

　　在汉语中，"函"的本意是指盛物的匣子或套子，引申用来形容

■ 新安县汉代函谷关遗址

■ 新安县汉代函谷
关内景

幽深、封闭。单从这个"函"字上，人们就可以想象出函谷关的险要。而关于函谷关的险要，史料上这样描述：

> 西据高原，东临绝涧，南接秦岭，北塞黄河……马不并辔，车不方轨，道在深谷，两壁陡峭，树木遮天蔽日。
>
> 关在谷中，深险如函而得名。东自崤山，西至潼津，通名函谷，号称"天险"。

因此，这个狭长而陡峭的环境，造就了函谷关的险要，函谷关的"一夫当关，万夫莫开"之誉也由此而来。

函谷关不仅险要，而且十分重要，它是当时秦国固守关中的根基，是都城咸阳的东大门，也是关中大平原的东面出口。这也是后来汉朝、唐朝定都长安的

春秋时期 简称"春秋"，指公元前770年至公元前476年，是属于东周的一个时期。春秋时代，周王的势力减弱，诸侯群雄纷争，齐桓公、晋文公、宋襄公、秦穆公、楚庄王相继称霸，史称"春秋五霸"。春秋时期，是因孔子修订《春秋》而得名。

主要因素。把守函谷关，保卫京师，意义十分重大。也正因为这样，函谷关的地位十分重要。

有了非常重要的战略位置，又占据了天下奇险，这两大因素铸就了函谷关无比辉煌的历史。

函谷关已有2000多年的历史，其间曾有10多次大的战役在这里发生，不少战役可以说影响了历史的进程。作为天下险关，函谷关辉煌的历史主要表现在它的易守难攻上。

函谷关最早的战事是在商朝，也就是在公元前17世纪的时候。当时，周武王伐纣时经过函谷关，那时的函谷关叫"桃林塞"，守塞的官员为武王替天行道之举所感动，将这一天险拱手相让。于是，武王率军出塞与诸侯在孟津召开大会。

两年之后，天下归周，武王又在这里解散军队，遣散战马，刀枪入库，向天下表示太平，不再动兵。但是到了春秋战国时期，函谷关又一次出现刀光剑影、烽火连天的局面。

函谷关之险，不仅仅是关险，主要还是路险。春秋时期，函谷关一带地区属于虢国。虢国当时的国都在上阳。虢公丑是虢国的最后一

新安县汉代函谷关遗址

■ 新安县汉代函谷
关题刻

个国君，他依仗优越的地域条件、雄厚的军事实力、发达的经济文化，骄横好战，多次侵扰北部的晋国。

至晋献公时，晋国开始强大起来，晋献公就起兵反抗虢国。公元前658年，晋国从虞国借道，攻占了虢国的下阳，并准备继续进攻虢国的都城上阳。

上阳和下阳虽然都属于虢国，但相隔一条黄河。渡口茅津渡两岸高峰耸立，易守难攻，晋国损失了不少人马、船只，也没能打过黄河，只好暂时退兵。

晋献公见难以攻克上阳，就派人贿赂游说犬戎部族从西面攻打虢国。犬戎部族对富饶的中原早已垂涎三尺，又有了晋国的唆使，更加狂妄，很快集中兵力浩浩荡荡地向虢国开来。

虢公丑听说犬戎部族西犯，便调集所有精锐，在函谷关镇稠桑村的旧址桑田布置重兵，全力拒敌。

函谷故道，两边山高林密，殆不见日。虢公丑让士兵在两面山坡上的树林中埋伏，又派一队精兵快骑出桑田袭击犬戎的营地，斩杀了很多犬戎兵，点燃了多处帐篷。

犬戎部族的士兵们慌忙吹起号角，率兵围歼。虢兵也不恋战，边打边退。犬戎部族士兵不知是计，紧追不舍。当他们进入函谷故道时，两边山上埋伏的虢

虢国 西周初期的重要诸侯封国。周武王灭商后，周文王的两个弟弟分别被封为虢国国君，虢仲封东虢，虢叔封西虢。虢国位于陕西省宝鸡附近，后随周平王东迁至河南省陕县东南，地跨黄河两岸，河北称为北虢，河南称为南虢，实为一国，于公元前655年被晋国所灭。

兵立即弓弩齐发，乱箭像雨点般地朝着犬戎部族的士兵们射来。

犬戎部族首领大惊，知道中了埋伏，急忙率队后撤。这时，虢国兵从山上扑杀下来，犬戎兵乱作一团，争相逃命，犬戎主左肩中了一箭，被亲兵护驾着逃回营地。

战国时期，秦国任用法家深入改革，对内建立法规制度，奖励农耕，加强军事；对外实行连横扩张，"远交近攻"，不断强大起来。

公元前325年，秦国已完全据有关中，并在河东占有汾阴、皮氏等前进基地；在河南占有函谷关等重要关塞。

凭借黄河和函谷关天险，秦国进可攻、退可守，形成了并吞天下之势。此时的齐、楚、燕、韩、赵、魏等国感到严重不安，不断策划"合纵"联合抗秦。

公元前318-公元前241年，接连发生了5次著名

057

雄关要塞

河南函谷关

■ 新安县汉代函谷关

新安县函谷关遗址

险要的雄关

的"合纵攻秦"战役，而函谷关就是这合纵攻秦战役的主战场。

公元前318年，在魏相公孙衍的推动下，魏、赵、韩、燕、楚5国共推楚怀王为纵长，组织联军进攻秦国，发起历史上的第一次合纵攻秦之战。此次战争也被称为"修鱼之战"或者"函谷关之战"。

当时秦国的扩张和张仪的连横策略，严重威胁到东方各国。在齐、楚、燕、赵、韩等国的支持下，魏王驱逐张仪，改用公孙衍为相，行"合纵"之策。

次年，在公孙衍的推动下，组织联军进攻秦国。

公孙衍还联络义渠国，由侧背进攻秦国，配合联军。当时，秦国送"文绣千匹，好女百人"给义渠国，以缓其威胁，然后发兵于函谷关迎战。

联军因各有所图，步调不一。楚、燕两国暂时受秦国威胁不大，态度消极，只有魏、赵、韩三国军队与秦军交战。在战争中，秦国开关迎击，获得大胜。联军败退后，向东退至修鱼，就是后来的河南省原阳西南。

同年，义渠国君认为秦国送厚礼实是暂时策略，秦国强大对己不利，便趁五国攻秦之机，出兵袭击秦国李帛。一支秦军仓促迎战，结果大败于此。

然而，这一战并未影响全局。在公元前317年的时候，秦遣庶长樗里疾率军出函谷关反击韩、赵、魏三国联军，于修鱼大败联军。联军再败退观泽，也就是后来的河南省清丰南。秦军追至观泽再败韩军，俘虏韩将鲮申差。

修鱼之战影响巨大，它使关东诸国大为惊恐，这为秦国以后实现统一霸业奠定了重要的基础。回顾这场战役，秦兵的英勇是一方面，函谷关的险要，也给秦国帮了大忙。

此后，秦国进一步"富国""广地""强兵"，不断向魏、韩、楚、赵等国进攻，将领域逐步扩展至中原。公元前298年，秦攻楚，战于析，大败楚军并占城邑10余座。

当时，齐、韩、魏恐秦继续扩张，对己更为不利，乘秦军久战疲惫之机，于当年联合攻秦。

经过3年的苦战，联军终于击败秦军，攻入函谷关，迫使秦归还韩之武遂及魏之封陵等地。第二次合纵攻秦之战取得胜利。

公元前287年，齐、赵、魏、韩、燕国联军攻秦。由于五国目的不

険要的雄关

■ 函谷关 "紫气东来" 匾额

远交近攻 古代兵法中的三十六计之一，最初是作为外交和军事的策略，是和远方的国家结盟，而与相邻的国家为敌。这样做既可以防止邻国肘腋之变，又使敌国两面受敌，无法与我方抗衡。

蒲阪 是后来的山西省永济市，古称"蒲坂"，史称"舜都"，其地处山西省西南端，它是晋、秦、豫"黄河金三角"的区域中心。

同，各有打算，进至荥阳、成皋，即互相观望，不肯首攻。

秦为破坏五国联盟，主动将之前占领的一些地方分别归还给了魏国和赵国。联军遂撤走。第三次合纵攻秦，未交战即告瓦解。

公元前269年，范雎入秦国，建议秦昭王实行"远交近攻"的战略，以利于巩固占领的土地。秦国遂将打击重点指向最近的韩、魏、赵。秦国大将白起在鄢郢之战中，歼楚军数十万；在华阳之战中歼魏、赵联军15万；在长平之战中，歼赵军45万，还攻灭西周、东周及义渠，蚕食了大片土地。这促使各国再度联合。

公元前247年，魏、赵、韩、楚、燕国组成联军，由信陵君指挥西向攻秦。秦将蒙骜因腹背受敌，被迫西退。信陵君亲冒矢石，率先冲锋，联军士气大振，紧随追赶，追至河外，也就是函谷关东黄河以南的地区，包围了秦军，双方展开激烈战斗。

后来，秦军败退进入函谷关，紧闭关门，坚守不出。相持月余，联军撤回。第四次合纵攻秦之战获得了胜利。

联军的胜利，并未削弱秦军实力，也未能遏止秦之扩张势头。秦始皇继位后的5年间，占领了魏、韩、赵许多军事要地，切断了燕、赵与魏、韩间联系，并在战略上造成对赵、魏、韩三国侧翼包围态势。

公元前241年，魏国在秦国连续进攻之下，丧失大片土地。此时，魏景湣王感到单凭魏国的力量，难以抵挡秦军。于是，他接受大臣建议，遣人出使赵国，与其结盟，并提出再次合纵，以抗击秦国。

通过外交活动，魏国的提议得到了各国响应。当时，除齐国依附秦国外，赵、韩、魏、楚、燕国组成联军，共推赵将庞煖为帅。

庞煖认为，攻秦之师屡次向西进攻，均在函谷关被阻。函谷关雄关非常难攻，不如绕道蒲阪，南渡河水，迂回至函谷关后，可出其不意。其"河水"指的是黄河。

五国联军分路出蒲阪，进展顺利，一度深入至函谷关内，距秦都

灵宝函谷关殿堂

灵宝函谷关关楼

城咸阳仅三四十千米。但等到了蕞这个地方时，联军与吕不韦所率的秦军相遇了。联军没有集中兵力进行反击秦军，迅即大败而退。第五次合纵攻秦之战失败。

庞煖征秦，也称为蕞之战，这是战国时期最后一次合纵攻秦行动。尽管庞煖富智谋，善纵横，但联军同床异梦，协同不力，终于无功而返。此次战役，秦国又取得了胜利。

在这场战役中，从庞煖绕开函谷关之举，可以清楚地看出函谷关在当时坚固险要的地位。

不久，秦王嬴政亲政，用李斯"灭诸侯，成帝业""数年之中尽兼天下"的建议，加快了各个击破的步伐，不给各国再次联合行动的机会，各国的合纵战略至此破灭。从此，六国更无法抵御秦国的兼并战略，这对秦国的进一步统一来说，无疑是一件大好事。

合纵历时时间长，战役次数多，伤亡人数也多，而且这些战役又大都发生在函谷关附近。这些战役虽然随着历史的车轮已经远去，但它们却在古老的函谷关留下了深深的历史痕迹。

公元前207年，刘邦按照楚王的提议，率部队前去攻打大秦。刘邦深知函谷关是天险，一时难以突破。因此，在洛阳东作战不利的情况下，刘邦果断决定，避开函谷关，出轩辕关，绕道商洛，由武关攻入关中。

就这样，刘邦绕关后，进展非常顺利，很快就灭掉了曾经非常强大的秦军。按照当时楚王项羽的约定，先入关中者可以称王，因此，刘邦的入关使项羽大为恼怒。

公元前206年，项羽率军40万，西进函谷关。得知刘邦已定关中并派兵扼守函谷关，项羽大怒，命黥布强行攻关。黥布攻不下来，一把火烧毁了关城，千古雄关就这样淹没在历史风云当中。

阅读链接

在历史上，函谷关曾经遭到毁坏，汉景帝于公元前153年复置函谷关，下令用"襦"作为出入关卡的凭证。

在公元前140年的时候，汉武帝刘彻诏举贤士。当时济南有一名叫终军的人才华横溢，18岁时就被选为博士弟子，与少年才子贾谊齐名，并称为"终贾"。

一天，终军从济南步行赶往长安，行至函谷关，取出襦作为凭证。关吏验过后，交还给他，他却弃之而行。关吏看到终军的行为后笑终军无知，对他说："你要是扔掉它，以后要怎么回来呢？"

终军却说："大丈夫过关是为了做大事，怎么会一直用这凡夫俗子用的襦呢？"

后来，终军果然得到了重用，出任南越大使。重过函谷关时，关吏认出了他，说这就是当年弃襦过关的孩子，随从大呼："这是出使南越的大使，不许胡说。"

关吏大惊，忙跪拜送出关门。从此以后，函谷关一带的人教育孩子都说"要长进，学终军""有才能，当终童"。因此，《终军弃襦》的典故也就流传了下来。

老子在此留下的传说和建筑

　　函谷关在古代时是进入秦国的必经之地，当时，驻守函谷关的关令名叫尹喜。

　　尹喜，字公文，原是周康王朝中的一位贤大夫。他少时好观天文，习占星之术，能知前古而见未来。后来，尹喜辞去了大夫之职，请任了函谷关令。

■灵宝函谷关老子园

■ 函谷关老子园牌坊

尹喜上任后，在关旁结草为楼，称之为"楼观"，每天在这里观察天象。

有一天夜里，尹喜在楼观上凝视天空，忽见东方紫云聚集，长达万里，形状犹如飞龙，由东向西滚滚而来，十分惊喜，自言自语说："紫气东来，想必是有圣人将来到此地啊！"

说完，尹喜立刻召见守关兵卒孙景说："传令下去，这几天内将有大圣人路经此关，你们要时刻留意，如果有容貌奇特、服饰不同寻常的人从东面而来要求度关，先不要放行，马上来禀报我。"

同时，尹喜又派人清扫道路，夹道焚香，准备着迎接圣人。尹喜自己也天天沐浴，净身等待。

几天以后的一个下午，日已偏西，光华东射，关卒孙景不敢懈怠，仍在关上守望，忽见往来函谷关关塞的行人之中有一辆由青牛拉着的车，这辆牛车牛大

关令 又称"关都尉"，是古代边关职官的名称之一。负责掌守边关，稽查过往行人，是边关的军政主官，兼掌边关军民，以关丞为其副。因关分为上、中、下三等，关令品阶也分为从八品下、正九品上、从九品下三等。

■ 灵宝函谷关老子
雕塑

袍 传统汉服的
重要品种之一，
分为龙袍、官袍
和民袍。龙袍指
的是皇帝专用的
袍，因袍上绣龙
纹而得名。官袍
指的是文武官员
用作公服、朝服
的袍子，以一定
颜色或图案表明
官位等级。民袍
是民间用于日常
生活的袍，款式
有过摆和短摆、
交领和圆领、右
衽和左衽、大袖
和小袖及半袖等
多种变化。

而车小，车板薄而载人重。

牛车上坐着一位白发老翁，脸色红润，精神矍铄，双眉垂鬓，胡须拂膝，身穿一件白袍，道骨仙貌，一看就不是一般人。孙景马上飞奔下关向尹喜禀报。

尹喜听说后非常高兴，迎接在牛车数丈前，跪拜道："关令尹喜叩见圣人。"

这位老翁回答说："我只是个平凡的人，您为什么要这么做呢？"

尹喜说："我早就得到上天的指示，要我迎接圣人，因此几天以来，我一直扫路焚香、沐浴净身，已经在此恭候多日，就是在等待着您啊！"

老翁笑道："您怎么知道老夫是圣人呢？"

尹喜回答说："我自幼就好观天文，略知变化。我在一个高台上观望的时候，看见有浩荡的紫气从东面而来，这是有圣人将从东面来到此地的预兆啊！那团紫气滚滚如龙，长达万里，因此这位圣人绝非是一般的圣贤。而紫气之首有白云缭绕，因此这位圣人必定是白发，是老翁之状。紫气之前有青牛之星相牵，圣人必定是乘青牛拉的车而来的。"

这位老翁对尹喜的回答很满意，就告诉尹喜说："本人姓李，字伯阳，号老聃。"

尹喜听后十分惊喜，这位老翁正是道家学派创始人老子。

老子在函谷关住下后，见尹喜心慈人善，气质纯清，于是融静修、服药、画符之效为一体，取其精华而为尹喜著书，名为《道德经》。

《道德经》写成后，老子对尹喜说："我将要传授给你《道德经》，这本《道德经》分上、下两篇，上篇是《道经》，讲的是宇宙万物的根本，含天地变化之机，蕴神鬼应验之秘；下篇是《德经》，讲的是为人处世的方法，包含着人事进退之术，蕴长生久视之道。如果你辛勤钻研的话，肯定会学有所成的。"

说完，老子就离开了。后来，人们为了纪念这件事，就把尹喜眺望的高台称呼为"望气台"，又叫"瞻紫楼"。这也是成语"紫气东来"的来历。

■ 灵宝函谷关古道

唐代大诗人杜甫《秋兴·蓬莱宫阙对南山》诗中写道：

西望瑶池降王母，
东来紫气满函关。

在后来的函谷关内，还有当年聆听过老子教诲的函谷关关令尹喜的寓所，这寓所名为灵符遗址，位于望气台偏西，遗址面积10000多平方米。内有春秋战国时代各种建筑瓦、砖，地表下有庭院遗址。

■ 灵宝函谷关关楼

据说，到731年，唐代的陈王府参军田同秀进言唐玄宗皇帝说，天降的灵符到了函谷关尹喜故宅。唐玄宗马上派人前去挖掘，果然掘得了一个灵符。

唐玄宗非常高兴，认为这是老子对他的恩赐，就将年号"开元"改为"天宝"，函谷关所在的桃林县也被改为灵宝县。后来，尹喜曾经住过的这座寓所也就被人们称为"灵符遗址"。

在函谷关右侧，就是被称作道家之源的太初宫。所谓太初，在道教中指天地最初形成的元气或最初形成的状态。据说，太初宫是为了纪念老子当年在函谷关著作《道德经》而修建的。

这座太初宫一直保存到现在，整座建筑为殿宇式古典建筑。殿脊和山墙檐边上塑有麒麟、狮、虎、

灵符 在道教中被认为具有神力的符咒的一种除魔降妖、祈愿祝福的工具。灵符的类别繁多，大致可分为祈福开运符、镇宅符、护身平安符、催财符、情缘符、姻缘符、人缘符、化煞符、解降符、斩鬼符、安胎符、止痛符等，使用方法有烧、贴、藏、带、洗、食等

鸡、狗等珍禽异兽，神形兼备。殿顶飞梁纵横，橡檩参差，虽然层架复杂，却成规矩，殿宇宽阔，中无撑柱。

太初宫主殿供奉的是老子。老子的塑像皓首长髯，神采奕奕，正在聚精会神地著书。老子两侧分立着书童徐甲和函谷关关令尹喜。

太初宫里有两通石碑：一通立于1300年，另一通立于1643年至1661年期间。这两通石碑上都记载着老子骑着青牛过函谷关的故事。

太初宫的西厢房北侧有一块灵石，传说老子曾在石上著过经。灵石上下平滑，被8条白石英条平行线切割为9层。

太初宫主殿左侧是鸡鸣台。这个台的称呼来源于一个叫《鸡鸣狗盗》的典故。

那是春秋战国时期，有4个人被称作"战国四君子"，他们分别是齐国的孟尝君、魏国的信陵君、赵

069

雄关要塞

河南函谷关

■ 灵宝函谷关太初宫

■ 灵宝函谷关老子
园石雕

丞相 也叫"宰相",是古代皇帝之下的最高行政长官,负责典领百官,辅佐皇帝治理国政。丞相有权任用官吏,或是向皇帝荐举人才。除此之外,丞相主管律、令及有关刑狱事务,还要负责国家军事或边防方面。全国的计籍和各种图籍等档案也都归丞相府保存。

国的平原君和楚国的春申君。

在这"四君子"中,孟尝君的名气最大。据说投在他门下的食客有3000多人。由于孟尝君好客喜贤的名声传遍了列国,于是,秦昭王就请孟尝君到秦国来。

孟尝君带着他的食客们到秦国后,献给了秦昭王一件天下无双的狐白裘。狐白裘是用狐腋白毛的部分制成的皮衣,非常珍贵,因此秦昭王十分高兴,要求孟尝君必须留下,为自己当丞相。

孟尝君不敢得罪秦昭王,只好留了下来。不久,秦国的大臣们劝秦昭王说:"留下孟尝君对秦国是不利的,他出身王族,在齐国有封地,有家人,怎么会真心为秦国效力呢?"

秦昭王觉得有理,便改变了主意,把孟尝君和他的手下人软禁起来了。

孟尝君知道自己有危险之后,他打听到秦王有个最宠爱的妃子叫燕姬,于是就派人去向她求助。

燕姬答应帮助孟尝君求情，但条件是用狐白裘作为报酬。可是狐白裘是世间独一无二的，且已经献给了秦昭王，这让孟尝君非常为难。

正在大家焦急之时，孟尝君的一个门客表示，能够将白狐裘从王宫里弄出来。

这天夜里，那个门客装扮成狗，从狗洞里爬进王宫，找到库房大门，学狗叫欺骗看守，盗出了狐白裘，献给了燕姬。燕姬非常高兴，乘着夜宴之际，劝说秦王放了孟尝君。

孟尝君得到过关文书后，立即带领门客起程。赶到函谷关时，正是夜半时分。按照秦国当时的法律，日落闭关，鸡鸣开关。

孟尝君怕秦王反悔派追兵赶来，急得如热锅上的蚂蚁。这时，一位擅长口技的门客跑到函谷关附近的山丘上，学起了鸡叫，由于声音真切响亮，引得关内

门客 我国古代贵族的私人军师和谋士，也是贵族地位和财富的象征，起源为春秋时期。门客按其作用不同可以分为若干级，最低级只到温饱的程度，最高级别的门客则食有鱼，出有车。门客主要作为主人的谋士保镖而发挥其作用，必要的时候也成为雇主的私人武装。

■ 灵宝函谷关石雕

外雄鸡都叫了起来。

关吏听到鸡叫，以为天亮了，糊里糊涂开了关门，验了文书，放孟尝君一行出了函谷关。后来，秦昭王果然后悔了，但等到追兵到函谷关的时候，孟尝君他们早就走远了。

后来，鸡鸣台这里就成了后人流传孟尝君鸡鸣过关之地。这个故事也是成语"鸡鸣狗盗"的来历。

由于孟尝君名叫田文，因此鸡鸣台又叫"田文台"。很多人认为鸡鸣台预兆着命运遇到危险时能像孟尝君一样化险为夷，吉祥如意。

当然，在函谷关，除了和老子有关的种种建筑之外，还有函谷碑林、函谷关古道和一座兵器仓库等，这些也是函谷关的经典建筑。

险要的雄关

阅读链接

据说当年老子骑着青牛出了函谷关，和他的书童徐甲一同往西而去。

这一天，老子和书童走到亚武山下时，决定休息一会儿再出发，徐甲就把牛赶到一边吃草去了。

当时的亚武山有位一心想修仙养道的玄武，当他听说老子要西行讲学时，就每天在亚武山耐心等候，希望老子为他讲讲道学。

因此，当玄武在山上望见休息的老子时，心中十分高兴，他悄悄把青牛藏在了树丛里，然后邀请老子一起上亚武山修行去了。

玄武藏起来的青牛被亚武山下一个年轻人发现了。他见这头牛闲着，就让这牛耕起地来。但这青牛力大无比，行走如飞，不久就把函谷关附近黄河、渭河一带的地全耕完了。

当它正向亚武山回耕的时候，犁尖一下子被华山挂住了，青牛奋力一拉，犁绳被拉断了，牛卧下再也爬不起来了。

后来这牛就化作了一座大岭，在函谷关附近万回村的玉溪涧西边，人称"牛头岭"。

重庆瞿塘关

瞿塘关两岸高山凌江夹峙，断崖壁立，高达数百米，宽不及百米，形同门户，因水势波涛汹涌，呼啸奔腾，令人心悸，素有"夔门天下雄"之称。

瞿塘关位于三峡奉节瞿塘峡夔门山麓，是古代入蜀道的重要关隘，自秦汉以来都是兵家必争之地。

瞿塘关汉时置江关都尉。214年，刘备攻打广汉未克，诸葛亮与张飞、越云等率军自荆江逆江而上，占领此关。后被蜀汉视为重镇。历代要取巴蜀，必先取得此关。

古代江关几经演变为瞿塘关

瞿塘关在奉节东的瞿塘峡附近，古称江关。纪传体断代史《汉书》记载："鱼复，江关都尉治。"

都尉是郡一级仅次于太守的军事长官，由此来看，当时的瞿塘关就已经在军事上占有极大的重要性了。

■ 瞿塘峡风景

唐代章怀太子李贤注解的《后汉书·公孙述传》中说：

■ 石刻"夔门天下雄，舰机轻轻过"

> 江关旧在赤甲城，后移在江南岸，对白帝城。

这一段是说，江关所在的赤甲城就在奉节东江北岸赤甲山上，后来又被移到瞿塘峡口江南岸，但不知是何时所移的。

江关在汉晋时也称扞关。郦道元所著的以记载河道水系为主的综合性地理著作《水经注》中写道：

> 张仪说谓下水而浮，不十日而拒扞关，即指此。

《舆地广记》有记载："鱼复县有古扞关。"晋朝史学家王隐也在《晋书·地道记》里记载道："梁

■ 巫山小三峡

州——东限扞关。"《后汉书·公孙述传》里也写道："东拒扞关，于是尽有益州之地。"

到了后来，江关的称谓又发生了变化。1264年，徐宗武在白帝城下的岩穴设了七条拦江锁，后人称为铁锁关。到南宋时，铁锁关就被称为瞿塘关了。

陆游在《入蜀记》里写道：

瞿塘关，唐故夔州也，与白帝城相连。

元代的地理总志《一统志》记载：

瞿塘关去城八里，管锁水铁锁二条。

至南宋以后都称瞿塘关。在瞿塘设关具体开始于什么时候，已经没有确切的资料可以考证了。但关于瞿塘设关主要有两种说法：一种是战国说，另一种就是春秋说。

白帝城 原名子阳城，为西汉末年割据蜀地的公孙述所建，公孙述自号白帝，所以把自己的城池起名为"白帝城"。白帝城位于重庆奉节瞿塘峡口的长江北岸，奉节东白帝山上。白帝城是观"夔门天下雄"的最佳地点，历代著名诗人留下大量诗篇，因此白帝城又有"诗城"的美誉。

《资治通鉴·胡三省注》中记载：

据《史记》，蜀伐楚，取兹方，楚为扞关以拒之。则兹方之地在扞关之西。刘昭《志》巴郡鱼复县有扞关。

宋元之际的史学家胡三省，在《资治通鉴》里提出疑问：蜀国攻取兹方时，所记述的"楚设关以拒之"，和"则兹方之地在扞关之西"出现了错误。因为按照地理位置来看，设关防范的楚肃王是不可能在瞿塘峡口设扞关的，而应该在兹方的东面。因此，瞿塘关建于战国的说法并不可靠。

在《华国志》注中记载：

《玉海》卷十引《括地志》"扞关，今峡州巴山县界故扞关是"。《后汉书》李贤注、《通典》等说均同。

这样扞关的位置就比较清楚了，它不是在瞿塘峡口，而是在长阳

三峡风光

的西边。那么在瞿塘设关究竟始于何时呢？

《后汉书》中，李贤注引《华阳国志》时写道："巴楚相攻，故置江关。"《水经注》里也写道：

> 捍关，廪君浮夷水所置也。昔巴楚数相攻伐，藉险置关，以相防捍。

《华阳国志·巴志》里写道："鲁庄公十八年，蜀伐楚……哀公十八年，蜀人伐楚……"

这些史实，都于《左传》可查，是有历史依据的。因此可以断定，在瞿塘设关最早应是巴人立国时，最迟也不应晚于春秋。

但是历史上为什么会把江关、扞关相混淆呢？可能是秦灭蜀、巴的时候，江关仍在，秦汉大一统，江关仍然存在，而楚扞关则废弃了。据此，瞿塘关的设关时间基本可以断定不晚于春秋。

综上所述，瞿塘关即古代的江关。汉晋时又别称扞关，五代北宋时别称铁锁关，从南宋以后称为瞿塘关。

阅读链接

瞿塘关石刻文化博大精深，地方特色鲜明。

长江巫峡北岸集仙峰下的孔明碑，上刻"重岩叠峰巫峡"6个遒劲有力的大字，相传为诸葛亮所写。它的下边还有两行大字，一行是"名峰耸秀"，另一行是"巫山十二峰"。中间还有许多模糊难辨的小字，但从其中可以辨认的"嘉靖年"等小字可以看出，碑文很可能是明代时所刻的。

然而多年以来，人们却说那些小字是诸葛亮规劝东吴大将陆逊的文章。据说当年夷陵之战，陆逊追击蜀军到达这里，读到这个碑文，很受感动，就退兵回去了。所以，人们便称它为孔明碑。

雄关内外风景的古老传说

  相传在五六千年前，神州大地上发生了一次特大的水灾。滔天的洪水包围了群山，淹没了平原，大地一片汪洋，人们只好栖身在山洞里，或者在树上筑巢居住。

巫山风光

■ 巫峡风光

当时，正处在原始部落联盟时代，部落联盟的首领尧，派鲧去治理这次洪水。鲧治水治了9年，他采取水来土挡、堵塞水路的办法，结果水位越堵越高，堤破决口，洪水再次泛滥，结果鲧的治水以失败告终。

尧去世后，舜继承了帝位。帝舜又派鲧的儿子禹继承他父亲未竟的事业，继续治理洪水，还派了商族的祖先契、周族的祖先后稷、皋陶等人去协助他。

禹总结了父亲鲧治水失败的原因，带领大家疏通江河，兴修沟渠，发展农业，最后成功治理了水患。

根据后人的记载，禹治理水害是从岷江开始的。他首先在汶山县的铁豹岭一带疏导岷江，然后凿开金堂峡口，也就是分流岷江水进入沱江，让它在泸县流入长江，从而减少进入成都平原的洪水。

整治好岷江后，禹又顺江东下到江州，娶了涂山氏做妻子，后来生一个儿子，取名叫启。然后，禹从江州东下来到了三峡，便开始疏浚三峡的工程。

根据我国西汉时期的论文集《淮南子》的记述，禹先是"决巫山，令江水得东过"，也就是凿开了堵塞江水的巫山，让长江的水能够顺畅东流。

然后，禹又凿开瞿塘关"以通江"，凿开西陵峡内的"断江峡口"，终于让长江顺利地通过三峡，向东流注入大海，解除了水患对长江中下游的威胁。后人尊敬他的功绩，就叫他大禹。

在瞿塘关附近有一山峰，一根巨石突兀于青峰云霞之中，仿佛一个亭亭玉立、美丽动人的少女，因此叫神女峰。据说这座神女峰就是帮助了大禹疏浚三峡的神女瑶姬变化而成的。

传说，瑶池宫里住着王母娘娘的第23个女儿，名叫瑶姬。瑶姬聪慧美丽，心地善良，活泼开朗，耐不住天宫中的寂寞生活。有一天，瑶姬邀了她身边的11个姐姐，腾云驾雾，遨游四方。

《淮南子》又名《淮南鸿烈》《刘安子》，是西汉时期创作的一部论文集，因西汉皇族淮南王刘安主持撰写而得名。《淮南子》在继承了先秦道家思想的基础上，综合了诸子百家学说中的精华部分，对后世研究秦汉时期文化，起到了不可替代的作用。

■ 巫峡风光

■ 巫峡口风光

当她们来到瞿塘关一带时，正好看见有12条恶龙兴风作浪，搅得巫峡上空天昏地暗，百姓们被大风卷上了天空，房屋树木被飞沙走石打得稀烂，人畜死伤无数。

瑶姬看到12条恶龙为非作歹，十分生气。瑶姬用手一指，天上响起了惊天动地的炸雷，把12条恶龙炸成了千万段碎尸，纷纷落下地来。

可是，恶龙的碎骨堆成了一座座崇山峻岭，利刃般的山峰直插云霄，填满了河谷，堵塞了水道。江水急剧上涨，淹没了村庄、田野和城镇，眼看就要把四川变成一片汪洋大海了。

瑶姬情急之中想起了治水英雄大禹，连忙驾云去找大禹来帮忙。大禹听说后，一口气赶到巫山。他挥舞神斧，驱赶神牛，不停地开山疏流。

谁知恶龙化成的山石坚硬无比，怎么也劈不开。

瑶姬被大禹治水的精神感动了，又邀请她的姐姐们下凡来帮助大禹开凿河道。她还回到天宫，向王母娘娘搬兵求救。

王母娘娘十分疼爱她的小女儿，就趁玉皇大帝午睡的时候，到他的宝库中找到了一本名叫《上清宝文理水》的天书，送给了大禹。

大禹得到宝书后，呼风唤雨，用雷炸，用电击，用水浇，很快劈开了三峡，疏通了积水。从此，四川变成了物产丰富的"天府之国"。

大功告成之后，瑶姬本来是要回天宫去的，但是，她看到还有很多恶龙尸骨化成的顽石隐藏在江水里，形成了无数暗礁险滩，来往的船只经常被阻或触礁沉没。瑶姬放心不下，决定和她的11个姐姐一起留下来，为船工们导航。天长日久，12位仙女化作了12座山峰，耸立在幽深秀美的巫峡两岸。

由于瑶姬是12个仙女中的杰出代表，因此她立的山峰位置最高，每天第一个迎来朝霞，于是，便赢得了"望霞峰"和"神女峰"的美名。

对于大禹疏浚三峡的传说，不仅从各种文献记载上可以得到证明，而且诗人们也多以赞颂的诗句予以讴歌。

■ 瞿塘峡美景

杜甫在《瞿塘怀古》中写道：

疏凿功虽美，陶钧力大哉。

在瞿塘关所在的瞿塘峡绝壁上，有一个个人工凿成的方形石孔，一个接着一个，自上而下成"之"字形排列，如同阶梯，这是孟良梯。关于孟良梯的由来，这里还有一个传说。

孟良，是北宋年间跟随杨家将一同抗辽的名将。当他听说北宋名将杨继业的尸骨就被埋在白盐山腰的望乡台上之后，就决心将杨继业的遗骨带走，回乡安葬。

于是，每到晚上，孟良就悄悄地架着小舟进入瞿塘峡，在绝壁上凿石穿孔，插入铁钎，架木为梯，攀援而上，直到天色微亮方才停止。

后来，人们就把瞿塘关旁边的这一"之"字形石孔称之为孟良梯。

阅读链接

瞿塘峡的黄陵庙碑刻名闻千古。相传黄陵庙是春秋时为纪念神牛助禹开江所建。黄陵庙的六棱石碑上有一篇《黄牛庙记》，相传是三国时诸葛亮由水路入蜀，路过黄陵庙时亲自撰写的。

黄陵庙保存的各种历代碑刻近百座。从时代看，它上自汉代，下至清朝；从碑形看，有六棱石幢、穿孔圭碑与二龙戏珠帽碑，还有附础七寸碑；从碑的性质与内容看，更是丰富多彩，有歌功颂德的功德碑，有刻乡规民约的诫碑，有写景状物的诗碑，更有修缮庙宇的记事碑，还有记录长江洪水与治理情况的水文碑。

碑文体裁诗、词应有尽有，书法则兼具隶、楷、行、草。

文人墨客吟咏诗篇称赞古关

战国时的辞赋家宋玉为瞿塘关的神女峰，写下了一篇耐人寻味的
《神女赋》：

茂矣美矣，诸好备矣。盛矣丽矣，难测究矣。上古既无，
世所未见，瑰姿玮态，不可胜赞。其始来也，耀乎若白日初出

■ 长江三峡神女峰

■ 巫山风光

照屋梁；其少进也，皎若明月舒其光。

须臾之间，美貌横生：晔兮如华，温乎如莹。五色并驰，不可殚形。详而视之，夺人目精。其盛饰也，则罗纨绮绩盛文章，极服妙采照万方。

振绣衣，被袿裳，秾不短，纤不长，步裔裔兮曜殿堂，忽兮改容，宛若游龙乘云翔。嫷披服，倪薄装，沐兰泽，含若芳。性合适，宜侍旁，顺序卑，调心肠。

这篇诗文用细腻的笔触描绘出了化身为神女峰的瑶姬——一位隐身云烟、姗姗来临的美丽女神。《神女赋》侧重在写神女初临时，给宋玉带来的印象，妙在从虚处落笔。

赋辞部分侧重在对神女的容貌、情态做精工细雕的刻画，读来更加令人回肠荡气和思致绵远。

后来，到了唐代，"初唐四杰"中的杨炯作为第一个全面咏诵三峡的诗人，就是从咏瞿塘关开始的。他在《广溪峡》中写道：

广溪三峡首，旷望兼川陆。
山路绕羊肠。江城镇鱼腹。
乔林百丈偃，飞水千寻瀑。
惊浪回高天，盘涡转深谷。
汉民昔云季，中原争逐鹿。

广溪峡就是瞿塘关所在的瞿塘峡。目睹瞿塘关的雄伟气势之后，杨炯很自然联想起刘备、诸葛亮等人的功业，不由得感叹山河之险不是国家安全的保障，朝廷政治的清明与否才是最重要的因素。

诗中描写的贾生，指的是西汉文学家贾谊。当年，贾谊曾在给皇帝的奏疏中，就写到了"可为痛哭者一，可为流涕者二，可为长太息者六"的话。诗人借贾生之哭，表明自己对蜀汉过往的叹息。

725年，李白通过巴渝进入长江三峡。这次出蜀远游，是李白与三

瞿塘峡沿岸风光

■ 瞿塘峡沿岸风光

峡第一次结缘。一路上，三峡壮丽的风光与青年诗人壮志凌云、意气风发的心绪，可以说是情景交融。

于是李白写下了《自巴东舟行经瞿唐峡，登巫山最高峰，晚还题壁》的诗，其中有这样的诗句：

江行几千里，海月十五圆。

始经瞿塘峡，遂步巫山巅。

巫山高不穷，巴国尽所历。

日边攀垂萝，霞外倚穹石。

豪放派 宋词风格流派之一，与婉约派并为宋词两大词派，代表是苏轼、辛弃疾。豪放派的特点大体是创作视野较为广阔，气象恢宏雄放，喜用诗文的手法、句法写词，语词宏博，用事较多，不拘守音律，然而有时失之平直，甚至涉于狂怪叫嚣。

这首诗淋漓尽致地刻画了瞿塘关一带高峻壮丽的面貌，完全可以和他后来创作的《蜀道难》相媲美。

李白也曾瞻仰过当年宋玉吟咏过的神女峰，并留下了一篇名为《宿巫山下》的诗篇：

昨夜巫山下，猿声梦里长。

桃花飞绿水，三月下瞿塘。

雨色风吹去，南行拂楚王。

高丘怀宋玉，访古一沾裳。

昨夜在巫山下过夜，满山猿猴，连梦里都仿佛听到它们的哀啼。桃花漂浮在三月的绿水上，我竟然敢在这时候下瞿塘。

疾风将雨吹至南方，淋湿楚王的衣裳。我在高高的山冈，怀念那宋玉，为什么给楚王写出那么美丽的文章，看到这古迹，让我热泪满眶。

著名的北宋豪放派词人苏轼也为秀丽的巫山留下了一篇辞趣翩翩的诗赋《巫山》，其中有这样的诗句：

瞿塘迤逦尽，巫峡峥嵘起。

连峰稍可怪，石色变苍翠。

天工运神巧，渐欲作奇伟。

块轧势方深，结构意未遂。

巫峡风光

旁观不暇瞬，步步造幽邃。

苍崖忽相逼，绝壁凛可悸。

巫山之美也被苏轼之后的诗人传颂。1627年，清初诗人王士正受命主持四川乡试后，乘船回京城，途经巫山。他游了高唐观，拜谒神女祠。写下了《登高唐观》和《神女庙》。《登高唐观》中写道：

西上高唐观，阳云对旧台。

瑶姬何处所，望远独徘徊。

恍忽荆王梦，芳华宋玉才。

细腰宫畔柳，并作楚人哀。

险要的雄关

阅读链接

瞿塘关所在的瞿塘峡是长江三峡之一，也是当地石刻历史最悠久、名人名作最集中的一处。

据《旧唐书·白居易》记载，著名诗人白居易曾与其弟白行简同行，在夷陵遇上友人元稹。三人同游后，在一个洞内饮酒赋诗题壁，并由白居易作《三游洞序》写在洞壁，从此那个石洞就叫作三游洞。

又据《宋史·文苑传》记载，著名文学家苏洵、苏轼、苏辙父子自眉州到汴京，途经夷陵时欣然登陆游洞，赋诗唱和。因此，有"前三游"和"后三游"的说法。他们的赋诗、题刻后来还在。

此后，欧阳修、黄庭坚、陆游等名家，明、清两代的文人墨客都曾相继来寻胜游洞，赋诗题字都镌刻在洞壁上。